힘겨운 교직 삶을 올곧게 꿋꿋이 헤쳐 나가려는 교사를 위한 교실 철학

철학이 있는
교실살이

철학이 있는 교실살이

초판 1쇄 인쇄 2023년 2월 21일
초판 1쇄 발행 2023년 2월 28일

지은이 이성우
펴낸이 김승희
펴낸곳 도서출판 살림터

기획 정광일
편집 조현주
북디자인 꼬리별

인쇄·제본 (주)신화프린팅
종이 (주)명동지류

주소 서울시 양천구 목동동로 293, 2215-1호
전화 02-3141-6553
팩스 02-3141-6555
출판등록 2008년 3월 18일 제313-1990-12호
이메일 gwang80@hanmail.net
블로그 http://blog.naver.com/dkffk1020

ISBN 979-11-5930-250-3 03370

힘겨운 교직 삶을 올곧게 꿋꿋이 헤쳐 나가려는 교사를 위한 교실 철학

철학이 있는 교실살이

이성우 지음

살림터

철학의 힘으로
아이들과 행복한 교실살이 꾸려 가기

철학이 있는 교실살이.

제 책에 관심을 품는 한 친구가 이번에 내는 책 제목이 뭔가 물어 와서 답을 했더니, 'OO살이'라는 표현이 다소 불편하다는 뜻을 비쳤습니다. 같은 교사로서 신념이나 기질이 비슷하여 개인적으로 신뢰하는 친구가 이런 반응을 보이는 것으로 봐서 많은 독자들이 비슷한 생각을 품으실 것 같습니다. 사람들에게 대체로 부정적인 뉘앙스로 다가갈 것만 같은 이 표현을 제가 굳이 쓰고자 하는 이유에 대한 설명으로 글의 말문을 열겠습니다.

문맥상 '교실살이'라는 수사를 대치할 무난한 용어는 '학급경영'일 것입니다. 학급경영이라는 용어는 'classroom management'라는 외래 개념을 그대로 옮긴 것입니다. management라는 영어 단어는 경영 외에 운영, 관리의 뜻도 있는데 어느 경우든 학생 집단을 수동적인 객체로 대상화하는 점이 유감입니다. 학급 경영자로서 교사의 이미지는 흡사 광화문

광장에서 긴 칼 옆에 차고 군중을 내려다보는 충무공 이순신을 연상케 합니다. 요컨대 '교실살이'라는 표현이 자조적이어서 불편하다면, '학급경영'이라는 용어는 반대로 오만한 교사상을 표상하는 폐단이 있다 하겠습니다.

한때는 교사의 권위가 이순신 장군의 기개처럼 드높았습니다. 그 시절에 교사는 권력자였습니다. 그게 바람직한지 여부를 떠나 교사의 의지대로 학생들을 통솔하며 학급을 수월하게 관리할 수 있었습니다. 하지만 그런 시절은 가고 없습니다. 교실에서 교사는 더 이상 권력자가 아닙니다. 교실공동체의 질서를 어지럽히는 꾸러기에게 훈육을 가했다간 아동학대 운운하는 학부모의 민원으로 고초를 감수해야 합니다. 교권이 바닥에 떨어진 현금의 학교에서 교사가 자신의 권위를 지키기보다 살아남기를 걱정해야 하는 실정을 생각할 때, 학급경영이란 용어는 교육적 정당성을 떠나 비현실적이까지 한 것입니다.

그렇다고 살아남는 것이 교직 삶의 목표가 될 수는 없습니다. 제가 교실살이라는 표현을 쓴 것은, 교사로서 자존을 지키면서 교육적으로 살아내기, 역동적인 교실 상황에서 아이들과 치열하게 부대끼는 가운데 오순도순 행복한 교실을 꾸려 가자는 의미입니다. 교실은 회사가 아니며, 교사는 사장이 아닙니다. 회사의 명운은 사장의 경영에 달려 있지만, 교실의 행복과 학생의 성장은 교사와 학생이 인간 대 인간으로 만나 어떤 관계망을 뜨개질해 가느냐에 달려 있습니다. 그런 교실살이의 고민을 이 책에 담고 싶었습니다. 35년을 지나고 있는 저의 교육 실천과 그간 연마해 온 교육 이론과 나름의 소박한 교육 철학을 이 책에 풀어 보고자 합니다.

올바른 교직 삶은 철학이 바탕이 되어야 가능하다고 믿습니다. 인간 삶에서 철학은 나침반이나 지도와 같은 기능입니다. 철학 없이 살아가는 것은 나침반이나 지도 없이 항해하는 것과 같습니다. 저는 30여 년 교직 삶을 살아오면서 숱한 문제와 난관에 부닥쳤습니다. 때론 실의와 좌절을 겪기도 했지만, 그럭저럭 문제를 해결하며 역경을 헤쳐 나갈 수 있었던 것은 철학의 힘이었습니다. 그리고 철학은 이론을 자양분으로 세워집니다. 지성과 철학은 함께 가는 것입니다. '교실살이의 철학적·이론적 기초'라는 제하의 1부의 글들이 이런 내용으로 구성되어 있습니다. 여기서 다룬 담론이나 이론은 제가 임의로 선정했을 뿐 이것들이 교실 철학을 세우는 데 필수적이라는 뜻이 아니라는 사족을 덧붙입니다.

2부에서는 1부에서 다룬 철학적·이론적 기초를 토대로 교실살이의 실제에 관한 내용을 다룹니다. 하위 영역은 세 부분으로 나뉘는데, 첫째는 교사의 본업이라 할 수업과 관련한 중요한 이슈에 대한 나름의 관점을 피력했습니다. 둘째는 교실살이에서 학생과 학생, 교사와 학생 사이에 발생하는 이런저런 문제와 갈등을 헤쳐 가는 데 실천적으로 터득한 해법이나 나름의 지혜를 엮어 봤습니다. 셋째는 동료들이나 학부모님들과 어떻게 하면 좋은 관계를 유지할 수 있을까 하는 저의 고민과 생각을 담았습니다.

3부는 교육 에세이 성격으로 평소 페이스북이나 인터넷 언론에 게재한 글들을 엮은 것입니다. 제목을 '삶과 교육'이라 정한 것은 삶과 교육은 같이 간다는 저의 지론을 표방한 것입니다. 인식론적으로 앎은 삶에 뿌리 둘 때 튼실하게 이루어집니다. 이를테면, 1km의 개념을 관념적으로 머릿속에 주입시키기보다 그만한 거리의 길을 직접 걸어가서 몸으로 느낄 때 가장 깊은 앎을 체득할 수 있습니다. 그리고 윤리적으로도 삶과 교육은 같이 가야 합니다. 혹 우리가 수업 시간에는 생태적 삶의 중요성을 가르치면서 생활 속에서는 별생각 없이 일회용품 사용을 즐기고 있지 않은지 돌아볼 일입니다. 도덕적 가치를 벗어난 가르침을 생각할 수 없듯이, 교사의 삶 또한 바람직한 교육 실천에 대한 고민이 뒤따라야 한다고 믿습니다. 특히 3부에 그런 사색과 성찰의 색채를 띤 글들이 많이 배치되어 있습니다. 외람되게 훈계하는 듯한 메시지가 때론 불편하게 다가갈 수도 있을 겁니다. 열린 마음으로 읽어 주시기 바랍니다.

저희 때는 교사 되기가 그리 어렵지 않았습니다. 그때와 달리 지금 교사들은 비범한 재능을 토대로 피나는 노력 끝에 교단에 서신 분들입니다. 요즘 젊은 선생님들은 수업도 잘하실 뿐만 아니라 업무에도 밝아서 주어진 일을 빠르게 잘 처리하십니다. 다만, 어떤 오더가 떨어질 때 일을 척척 잘 처리할 뿐 정작 그 일을 왜 해야 하는지에 대한 회의나 고민을 품는 분을 잘 볼 수 없는 점이 유감입니다.

소크라테스는 철학자의 역할을 쇠파리에 비유했습니다. 소의 등에 붙어 편히 쉬고 싶어 하는 소를 괴롭히는 쇠파리처럼, 우리 시대의 교직 삶에서 그런 역할을 해 주는 선배가 필요하다고 생각합니다. 제가 감히 그 역할을 자임하고자 이 책을 쓰게 되었습니다. 이런 사람을 흔히 꼰대라 일컫는 줄 압니다. 하지만 어느 시대에도 꼰대는 필요하다고 봅니다. 꼰대 자체가 문제가 아니라 꼰대가 던지는 메시지가 설득력이 있는지가 중요할 것입니다. 혹 이 책에서 제가 펼친 생각이나 주장에 유감을 품고 반론을 주시거나 토론을 요청하실 분은 환영합니다. 저자 소개란에 안내된 메일을 주시기 바랍니다. 저 역시 배우는 자세로 선생님들과 따뜻한 대화의 창을 열겠습니다.

고맙습니다.

2부 교실살이의 실제

| 1부 |

교실살이의 철학적·이론적 기초

1. 교실살이의 철학적 기초

존재의 이유

직장생활에서 개인의 행복은 어떤 사람과 함께하는가에 지대한 영향을 받는 법입니다. 학교에서 교사와 관리자(교장, 교감)는 서로가 서로의 행복에 영향을 미칩니다. 지금은 교사와 관리자가 수평적으로 만나도록 제도적 장치가 구비되어 있고 또 관리자의 자질이 많이 향상되었지만, 10년 전만 해도 권위적이고 강압적인 자세로 교사를 대하는 관리자가 적지 않았습니다. 어느 날 초등교사 커뮤니티에 학교장의 독재적인 리더십에 상처받은 교사가 벗들에게 조언을 구하는 글이 올라왔습니다. 이에 많은 교사가 토닥토닥 그분을 위로하는 댓글을 다시는데, 그중 하나가 제 눈길을 끌었습니다.

어쩌겠나, 참아야지. 교사의 본질은 수업이니 수업으로 보여주자!

비슷한 시기에 교육학 책을 읽다가 'raison d'etre[레이종 데트리]'라는 낱말을 만났습니다. 불어에서 유래한 말인데 '존재의 이유reason for existing'라는 뜻입니다. 이 고급 어휘가 영어에 뿌리를 내린 것은 어떤 비범한 품격에 힘입었을 것 같습니다. 이 낱말은 "어떤 사물이 존재하는 가장 중요한 이유"라는 심오한 뜻을 함의하고 있습니다. 이 낱말로부터 교사가 존재하는 가장 중요한 이유에 대해 생각해 봤으면 합니다. 위의 선생님이 '교사의 본질'이라 일컬은 것이 교사의 존재 이유입니다'본질'을 뜻하는 영어 단어 essence 또한 불어를 어원으로 하는데, 'esse'와 'etre'는 둘 다 'to be(존재)'의 뜻입니다.

수업이 교사의 가장 중요한 과업이라는 데는 이견이 있을 수 없습니다. 하지만 저는 다음과 같은 이유로 위의 선생님과 생각을 달리합니다.

첫째, 교사는 수업하는 사람이 아니라 교육하는 사람입니다. 수업은 학생에게 무엇을 가르치는 일을 말하는데, 가르침은 수업 시간에만 일어나는 게 아니라 교사가 학생과 함께하는 모든 상황에서 일어나니, 잠재적 교육과정이란 개념이 이를 말합니다. 교육을 수업의 문제로 환원하게 되면 학교와 입시학원, 교사와 학원 강사 사이에 차이가 없어집니다.

둘째, 부조리한 상황을 회피하고 수업에만 전념하자는 발상 자체가 교육적이지 못합니다. 삶과 교육은 따로 가지 않습니다. 국어를 가르치든 수학을 가르치든 모든 교과 교육은 그 자체로 도덕적이어야 합니다. 교사가 일상에서 마주한 부조리를 외면하면서 수업 시간에 학생들에게 올곧은 삶을 살라고 가르치는 것은 앞뒤가 맞지 않습니다.

셋째, 잘 가르치는 것보다 더 중요한 것은 무엇을 가르칠 것이며 또 왜 가르쳐야 하는가입니다. 이 문제에 대한 고민은 없이 교사용 지도서의 지침대로 열심히 가르치기만 하는 것이 좋은 수업일 수 없습니다. 유능한 수업자가 되는 것이 교사의 길이라 할 때, 유능한 수업이 무엇을 의미하는지 생각해 봐야 합니다. 교과서 속의 지식을 학생들에게 능숙하게 전달하는 것은 지식기능공의 일입니다. 교육은 고도의 사상 행위입니다. 그래서 교사에게 가장 중요한 자질은 올바른 철학을 갖는 것입니다.

교사가 철학을 가진다는 것은 지식기능공 이상의 어떤 존재가 되기 위해 몸부림치는 것을 말합니다. 우리가 진정으로 유능한 수업자, 좋은 교육자로 성장하기 위해 우리의 존재 이유에 대한 고민의 자락을 놓지 않고 끊임없이 성찰하는 교사가 되었으면 하는 바람으로 첫 글을 열었습니다.

철학적 소양 함양을 위한 배움에 관하여

교육연수원으로부터 '혁신학교 교육철학'이란 주제로 강의 요청을 받을 때, 어떤 의문이 들었습니다. 철학이라는 것이 특정 용도로 처방될 성질이 아닌데 혁신학교에 특화된 교육철학이 있을 수 있는가 싶었습니다. 물론, 연수를 배치하는 담당자의 선량한 의도는 충분히 공감합니다. 교사에게 철학적 소양은 정말 중요하며, 이 책의 글들이 죄다 그런 내용을 담고 있기에 의도 자체를 탓하려는 마음은 없습니다.

비유법을 쓰자면, 철학은 저수지입니다. 철학은 비타민 A, B, C, D처럼 각각 별도의 기능성을 지닌 영양제 따위가 아닌 지성의 저장고 형태로 존재합니다. 요컨대, 철학적 역량은 총체적 지성으로 형성됩니다. 철학 역량은 지성의 저수지에 담긴 물의 용량에 비례합니다. 저수지가 저수지이기 위해서는 물의 양이 어느 정도 차야겠죠. 철학적 사유가 가능해지기까지 절대량의 독서가 필요합니다. 학문 분야를 가리지 않고 다방면의 책을 많이 읽어야 합니다. 교육철학은 '교육+철학'이기 때문에 철학뿐만 아니라 교육학을 비롯한 다방면의 지식을 섭렵해야 합니다.

독서의 중요성에 관해 역설하면, 선생님들께서 "그럼 무슨 책부터 읽어야 하는가?"라는 질문을 하십니다. 이에 저는 무슨 책이든 지금 읽고 싶은 책부터 읽으라고 답합니다. 골프든 기타든 철학이든 배움에서 가장 중요한 것은 흥미를 붙이는 겁니다. 철학적 소양은 단기간에 길러지지 않습니다. 마라톤을 하듯이 꾸준히 공부해 가야 합니다. 그러자면 지구력을 길러야 하는데, 배움의 지구력은 흥미 없이는 형성되지 않습니다. 맨 먼저 공부하고자 하는 분야를 특정 짓지 않고 지금 가장 읽고 싶은 책을 읽으면서 일단 공부에 흥미를 붙이는 게 가장 중요합니다.

공부에 흥미도 붙이면서 어느 정도 체계적인 독서를 하고 싶다면, 인문학 책을 가까이하라는 말씀을 드리고 싶습니다. 인문학은 문사철(문학+역사+철학)입니다. 이 중 가장 중요한 분야가 역사라 생각합니다. 어떤 공부든 내용을 제대로 이해하기 위해서는 그 배경지식으로 역사를 알아야 합니다. 책을 읽는 것은 물론 음악이나 미술을 감상할 때도 작가가 활동한 시대의 역사를 알면 대상에 대한 이해가 더 깊어집니다. 그리고 역사책은 그 자체로 읽는 재미가 있기에 배움의 흥미를 붙이기 가장 적합한 공부 거리입니다.

철학도 어려운데 역사까지 공부해야 한다고 하니 엄두가 안 나실 겁니다. 솔직히 저도 철학 일반에 대해서는 잘 모릅니다. 철학 관련 책을 제법 많이 읽었지만 중요한 사상가들의 철학을 머릿속에 체계적으로 정리해 두고 있는 수준은 못 됩니다. 사실, 구체적인 교육 상황에서 현명한 결정을 내릴 때 플라톤이나 칸트의 철학이 유용하게 쓰이지는 않습니다. 교사에게 필요한 철학적 역량은 일반 철학보다 폭넓은 인문학적 소양이 더 중요하다고 생각합니다. 그러한 역량은 단시간의 특화된 배움이 아닌 꾸준하고 폭넓은 독서를 통한 지적 소양의 부산물로 시나브로 형성되는 것이라는 말씀을 드리고자 했습니다.

동전의 양면 철학

올해 우리 학년은 4학급입니다. 이 중 우리 반이 다른 반들과 구별되는 어떤 특징이 있습니다. 평소에는 잘 몰랐는데, 세 학급에 보결 들어가서 수업해 보니 다른 반 아이들이 우리 반 아이들과 다르다는 걸 느꼈습니다. 우리 반 남학생들 가운데 성가신 아이가 유독 많은 것입니다. 속으로, '반 편성할 때 내가 심지 뽑기를 잘못했구나!'라는 실망이 들었지만, 한편으로 이게 꼭 나쁜 것만은 아닐 수도 있으리라는 희망도 내려놓지 않았습니다.

나의 기대가 헛되지 않았음을 마지막 반 수업 들어가서 알았습니다. 이 반 아이들은 우리 반 아이들과 달리 너무 조용하고 얌전했습니다. 음악 수업을 했는데, 교과서에 수록된 흥겨운 미국 민요 〈I've Been Working on the Railroad〉를 기타 반주에 맞춰 따라 부르게 했습니다. 그런데 아이들의 반응이 너무 썰렁했습니다. 이 곡은 홍키통크honky tonk 특유의 신나는 리듬에 멜로디도 매력적이어서 누구나 흥겹게 부르는 음악입니다. 처음 이 노래를 배울 때 열광적으로 따라 하던 우리 반 아이들과는 대조적으로 이 반 아이들은 도무지 흥이 나지 않는 모양이었습니다. 그때 생각했습니다. 날마다 교사를 힘들게 하지만, 우리 반 아이들이 그래도 한 가지 장점은 있다고 말이죠.

이를 통해, 우리 반 아이들이 저를 힘들게 하는 것은 에너지가 넘치기 때문이라는 것을 알았습니다. 우리 반 아이들은 방송 조회 시간에 애국가 부를 때도 목이 터져라 열창을 합니다. 고학년 아이들이 애국가를 이렇게 열심히 부르는 경우는 어디에도 잘 없을 것입니다. 애국심이 강해서는 아닌 것 같고, 끓어오르는 에너지를 노래를 통해 발산하려는 것으로 보입니다. 체육 시간에 발야구 게임 때 심판 보는 교사를 힘들게 하는 것도 아이들의 과도한 승부욕 때문입니다. 인정욕구가 지나치게 강한 것인데, 이 욕구의 원천에 특유의 강한 삶의 에너지가 자리하고 있으리라 생각합니다.

자석이 (N, S)극으로 이루어져 있듯이, 사물은 순기능과 역기능을 동시에 품고 있는 법입니다. 자석에서 N극과 S극을 분리할 수 없듯이 이 상반되는 두 기능은 서로 한 몸을 이룹니다. 마치 동전의 양면처럼 말이죠. 우리 반 아이들의 경우 말썽꾸러기 기능과 음악 시간에 신명을 내는 두 기능이 동전의 양면을 이룹니다. 이 두 기능은 모두 에너지가 넘치는 우리 반 특유의 속성에서 연유합니다.

교육에서든 삶에서든 철학을 세우는 것은 사물을 바라보는 관점을 갖는 것을 뜻합니다. 사물에 내재한 긍정적인 측면과 부정적인 측면을 동시에 바라보고자 하는 나름의 인식론을 '동전의 양면 철학'이라 일컫겠습니다. 저의 '동전의 양면' 메타포는 '야누스의 두 얼굴' 메타포와는 다릅니다. 야누스의 두 얼굴은 '지킬

박사와 하이드'처럼 선과 악이 확연히 구별되는 이중성을 함의하지만, 동전의 양면 원리에서는 순기능과 역기능이 고정되지 않고 수시로 상호전환transformation됩니다. 따라서 교사나 학부모는 현재 학생에게서 어떤 부정적인 측면이 보이더라도 이것이 긍정적인 측면으로 전환되리라는 가능성을 염두에 두고 학생을 격려하여 선한 방향으로 이끌어야 합니다.

제가 동전의 양면 철학을 궁리한 계기는 학생을 긍정적으로 이해하기 위해서였습니다. 이것은 단순히 "누구나 장점은 있기 마련"이라는 긍정적 시각을 말하는 것이 아닙니다. 동전의 양면 인식론이 상식적인 긍정론과 구별되는 점은, 장점과 단점이 동전의 양면처럼 한 몸을 이루며 어떤 때는 순기능으로 어떤 때는 역기능으로 발현된다는 것입니다.

동전의 양면 철학은 제가 독창적으로 정립한 것이 아니라 헤겔 변증법을 제 나름으로 교육 실천에 원용한 것입니다. 변증법은 고대 그리스의 헤라클레이토스에서 시작하여 소크라테스, 플라톤, 칸트 등 여러 철학자에 의해 다양한 의미로 논의되다가 헤겔에 이르러 체계적으로 완성되었습니다. 흔히 '변증법' 하면 반사적으로 정반합을 떠올리는데, 정반합 개념은 변증법에 대해 그리 많은 것을 설명해 주지 못합니다. 통념과 딜리 헤겔은 정반합 개념으로 변증법을 설명한 적이 한 번도 없다고 합니다. 오히려 헤겔은 "대립적인 것을 상정하는 것이 변증법을 형성하는 것이다. 대립의 통일은 삶의 발전을 가능하게 해 준다"라는 헤라클레이토스의 말에 변증법의 진수가 담겨 있다고 극찬했습니다.R. Ludwig, 『쉽게 읽는 헤겔 정신현상학』, 이동희 옮김, 이학사, 2002, p. 45

교육은 주로 소신과 철학의 문제라 믿습니다. AI가 아닌 이상 교사는 교사용 지도서의 내용을 앵무새처럼 그대로 옮기는 것이 아니라 자기 나름의 관점을 담아 학생에게 가르칩니다. 따라서 모든 교육자는 사상가thinker라 할 수 있습니다. 제 교육 사상의 근간을 이루는 것이 변증법입니다. 지금보다 훨씬 젊은 시절 학문의 세계에 빠져들었을 때 저는 변증법을 알고 나서 사유 능력이 비약적으로 발전했습니다. 그 뒤로 변증법 전도사가 되어 변증법적 사고의 중요성을 역설하고 있지만, 이상하게 제가 페이스북에 올리는 글 가운데 '변증법'에 관한 이야기를 하면 독자들의 반응이 싸늘하게 돌아왔습니다. 그래서 그간의 제 책에서는 이를테면 '변증법적 관계'라는 말 대신 '통합적 시각'이라는 표현을 썼습니다. 독자를 배려한 일종의 전략적 조치인데, 이 책은 철학이라는 화두를 전면에 내거는 만큼 과감하게 '변증법'이라는 용어를 쓰기로 합니다.

변증법적 사유가 뭘 의미하는지는 그것과 대척 지점에 있는 사유 방식을 생각하면 쉽게 이해됩니다. 이분법적 사고, 철학에서 이원론dualism이라 일컫는 것입니다. 이원론을 대표하는 사상가인 데카르트는 인간의 신체와 정신을 완전히 분리된 실체로 보았죠. 얼핏 당연한 것처럼 보이지만, 신체 건강과 정신 건강이 밀접히 연관된 점만 봐도 옳지 않음을 알 수 있습니다. 변증법은 데카르트처럼 이분법적으로 사고하지 않기, 즉 서로 대립되는 두 계기

moment를 분리하거나 양자택일하지 않고 연관의 맥락에서 파악하는 관점을 말합니다.

동양철학에서 음양설이나 불교의 연기론이 변증법과 일맥상통하는 점이 많습니다. 그런데 근대화 이후 서양 철학의 영향을 받으면서 우리는 데카르트식 이원론적 사고에 익숙해져 있습니다. 이론과 실제는 별개의 것이다Theory is one thing, practice is another. 소싯적에 『성문종합영어』에 나오는 이 문장을 접할 때 멋있다는 생각이 들었습니다. 그때는 지당한 말처럼 여겨졌는데, 이 명제는 이원론적 사고의 전형으로서 심한 오류를 품고 있습니다. 어떤 경우에도 이론과 실제는 함께 갑니다. 아는 만큼 실천할 수 있고 실천하는 만큼 알 수 있기 때문입니다.

이론과 실제(실천)의 관계 외에도 이성과 감성, 진보와 보수 등의 문제를 우리는 이분법적으로 접근하는 데 익숙해 있습니다. 우리는 사물에 대해 아는 만큼 느낄 수 있고, 거꾸로 느끼는 만큼 알 수 있기에 이성과 감성은 별개가 아니라 함께 갑니다. 또 최근 우리 사회가 진보와 보수 사이의 갈등으로 홍역을 치르고 있지만, 진보와 보수, 좌파와 우파는 서로가 서로를 필요로 하는 불가분의 관계에 있습니다. 사회의 발전은 언제나 이 두 대립적 가치가 변증법적으로 통일된 형태로 이루어집니다.

이어지는 몇 개의 글에서는 교육 영역에서 서로 대립적인 두 계기에 대해 이분법적인 사고를 지양하고 변증법적 관점으로 접근해야 하는 몇 가지 이슈를 다루고자 합니다. 나아가, 이 책 전반

에서 저의 소박한 변증법적 교육론이 투영될 것이라는 점을 일러
드립니다.

지성과 인성

학부모님들과 상담을 하거나 대화를 나눌 때 간혹 "지식보다 인성을 강조하시는 선생님의 교육 방식을 지지한다"라는 말씀을 듣게 됩니다. 담임교사를 성원하는 따뜻한 말씀에 큰 힘을 받고 감사할 일이지만, 속으로는 그 뜻에 선뜻 동의하기 어렵습니다. 어떠한 교과목을 가르치든 교육은 내재적으로 도덕적 가치를 추구하기에 지식교육과 인성교육을 분리하는 사고가 온당치 않기 때문입니다.

아마 대다수가 나의 관점이 창백한 원론적 관점에 지나지 않으며 학부모님들의 사고가 상식적이라 할 것 같습니다. 지성과 인성의 연관에 관한 문제는 심리학자들 사이에서도 의견이 분분한 이슈인 것이 사실입니다. 주목할 것은, 과거에는 지성과 인성을 별개의 것으로 보는 의견이 지배적이었지만, 최근에는 양자의 연관성을 주장하는 학자들이 늘어나는 추세인 점입니다.Collin G. DeYoung, Intelligence and Personality, in the Cambridge Handbook of Intelligence, Cambridge University Press, 2011, p. 711

변증법적 인식론은 일견 서로 대립적인 관계에 있는 두 속성을 별개의 것으로 보지 않고 연관의 맥락에서 접근할 것을 요청

합니다. 저는 지성과 인성의 문제를 변증법적 관점으로 접근해야 한다고 생각합니다. 나아가 이런 입장에 터하여 이 책 곳곳에서 지성주의적 관점을 피력할 것을 미리 말씀드립니다. 교사는 무엇보다 지성인이어야 한다고 믿습니다. 이 책에서 교실살이의 철학적·이론적 배경을 논하는 1부에서는 물론, 교실살이의 실제를 다루는 2부에서도 지성의 힘의 중요성을 강조할 것입니다. 교사의 수업 역량은 지성적 역량과 다름없으며, 교사-학생, 학생-학생의 갈등을 풀어갈 때도 지성적 방법이 중요하다는 것을 논하고자 합니다.

지성과 인성을 별개의 것으로 보는 심리학자들의 논거는 지성은 인지적인 속성이지만 인성은 인지적 측면과 무관하다는 것입니다. 하지만 우리의 경험에 입각해 조금만 생각해 보면 이러한 관점이 타당하지 않음을 알 수 있습니다. 아는 만큼 사랑할 수 있습니다. 교사의 경우 사회학과 심리학 그리고 철학의 소양이 풍부해짐에 따라 교육적 식견이 깊어지고 학생에 대한 이해나 사랑도 커져 갑니다. 교사의 지성이 확장됨에 따라 교육자로서의 소양, 즉 교육자적 인성이 발전해 갑니다.

반면, 지성의 결핍이 인성의 저하로 연결되는 사례를 우리 교직 일상에서 흔히 볼 수 있습니다. 요즘은 학교에서 이런 분을 잘 볼 수 없지만, 예전에 교사들의 원성을 사며 독단과 전횡을 일삼는 파쇼 교장들은 대부분 비지성적인 성향이 강했습니다. 사람이 무식하면 용감해집니다. 자신의 행동이 가져올 사회적 파장에 대한 분별력이 없기 때문입니다.

심지어 인성이 좋기로 평판이 나 있는 사람도 지성의 빈곤으로 인해 교육적 심성은 좋지 않은 경우를 저는 많이 봤습니다. 온화한 품성에 마음씨가 넉넉해서 남에게 잘 베풀고 학교에서 궂은 일을 도맡아 하며 후배 교사들로부터 신뢰와 애정을 한 몸에 받는 선배 교사가 있었습니다. 그런데 동료들에게 그렇게 헌신적인 이분이 교실의 아이들에겐 그렇지 않았습니다. 타고난 성격이 사교적이어서 아침마다 집에서 챙겨 온 먹거리를 교무실 테이블에 늘어놓으며 친목활동을 주도하시는데 이분의 입에서 교육적인 화제가 나오는 경우는 거의 없습니다. 이것이 개인적 선호도나 관심 분야의 차이 문제일까요? 교사가 교육 문제에 관심이 없는 것이 선택의 문제일까요? 이것은 지성의 문제입니다. 지성의 결핍으로 인해 사회적 인성이 좋아도 교육적 인성이 좋지 않다면 좋은 교사일 수 없습니다. 그래서, 거의 모든 동료가 좋아하는 그 교사를 저는 좋아하지 않았습니다. 나와 그분의 관계 맺음은 교육적 만남인바, 교육적으로 좋지 않은 동료에 대해 호감을 품을 일이 없기 때문입니다. 사람 좋다는 말처럼 무의미한 말도 없습니다. 학교에 있는 사람이 좋으려면 교육적으로 좋아야 합니다.

변증법과 대척 지점에 있는 형이상학적 관점은 사물을 고정불변하는 것으로 봅니다. 지성과 인성을 별개의 것으로 보는 관점이 그러합니다. 인성은 타고나는 것이며 후천적으로 변화 가능성이 잘 없다고 보는 것입니다. 이런 관점을 옳다고 인정하면 교육이 설 자리를 잃고 맙니다. 학생들을 아무리 잘 교육한들 타고난 인성을 변화시키지 못한다면 학교가 필요 없어지는 거죠. 그러나 사실은 그렇지 않습니다. 콜버그L. Kohlberg가 논증했듯이, 개인의 도덕성은 인지 수준과 더불어 발달합니다. 콜버그의 도덕성발달 이론은 피아제의 인지발달이론을 벤치마킹한 것인데, 이 이론은 간단히 "지성과 인성은 함께 간다"는 것입니다. 우리는 아는 만큼, 깨달은 만큼 도덕적일 수 있습니다.

나의 삶을 돌아봐도 그렇습니다, 나의 인성은 20년 전보다는 많이 좋아졌고, 10년 전보다는 약간 좋아졌으면 작년보다도 아주 쪼끔은 좋아진 것 같습니다. 예전보다 학생들을 친절하게 대하며 아이들과도 잘 지내는 교사로 변해 가고 있습니다. 이 말은 과거에 제가 나쁜 교사였다는 뜻이 됩니다. 제가 교사로서 예전보다 덜 나쁜 교사로 성장할 수 있었던 배경에는 지적 성장이 크게 작용했습니다. 폭넓은 독서를 통해 인간과 사회에 대한 이해력이 깊어지면서 아이들의 이상 행동에 대한 통찰력을 갖게 되었고 또 문제를 효율적으로 해결하는 방법을 알게 되었습니다.

사람이 나이가 들면 저절로 성정이 온화해진다고 생각하기 쉽습니다. 전혀 틀린 말은 아니지만, 보다 중요한 원인은 다른 곳에 있습니다. 욱하는 마음이 일 때 참아내는 것은, 자신의 감정에 충실하기보다 인내하는 쪽이 더 나은 결과를 가져온다는 것을 오랜 경험으로 알게 되었기 때문입니다. 즉, 이러한 변화는 행동주의심리학 용어로 부적 강화negative reinforcement에 따른 학습의 결과입니다. 그 밖에 지적 성장을 통해 대인 간 갈등이나 문제를 바라보는 관점을 달리 갖게 되면서 예전보다 순리적인 방식으로 사태를 해결하는 지혜가 생겨납니다. 하지만 세월이 저절로 이러한 지혜를 생겨나게 하진 않습니다. 지성의 단련과 함께 성찰을 멀리하는 사람은 아무리 나이를 먹어도 인성이 나아지지 않습니다.

지성과 인성을 별개의 문제로 생각하는 것이 우리의 보편 상식으로 여겨지고 있지만, 지성과 인성은 수레의 나란한 두 바퀴처럼 함께 나아갑니다. 둘 가운데 어느 것이 더 중요한가 묻는다면, 저는 지성이라고 답하겠습니다. 지성이 인성을 견인하지 그 역은 아니기 때문입니다.

사람과 구조

얼마 전에 경북 북부의 어느 오지 학교에 강의하러 간 적이 있었습니다. 저희 집에서 200킬로미터쯤 되는 먼 곳인데, 예전과 달리 그 지역에 4차선 국도가 잘 닦여 있어서 시간이 많이 단축되었습니다. 도로망이 개선돼서 지역민들의 삶이 좋아졌겠다 싶었는데, 꼭 그렇지만은 않았습니다. 강원도 정선으로 향하는 직통 도로가 뚫린 뒤로 주민들이 농사지어 번 돈을 카지노 도박으로 탕진하면서 가정이 무너지는 사례가 속출하고 있다는 겁니다. 가정이 무너지면 학교교육도 심대한 타격을 받을 수밖에 없는 법이죠. 그날 들은 이 충격적인 이야기가 한동안 저의 뇌리에서 떠나지 않았습니다.

사람이냐 구조냐?

교육적 이슈든 사회적 이슈든 인간 세상에서 빚어지는 문제들은 대부분 이 물음으로 환원됩니다. 그래서 이에 관한 철학적 관점을 정립하는 것은 매우 중요합니다. 이를테면, 위의 사례에서 우울한 결과가 빚어진 원인을 분별없이 도박장을 들락거린 개인의 자질 문제로 볼 수도 있고 카지노 설립을 허가해 준 행정의 문제로 볼 수도 있습니다. '사람이냐 구조냐?'에서 사람이 문제라는 시각이 보수이고 사회구조가 문제라는 시각이 진보에 해당한다고 보면 대체로 맞아떨어집니다. 여기서 어느 관점이 옳은가 하는 것은 그리 간단치 않습니다. 중요한 것은, 사람과 구조 가운데 어느 한쪽의 중요성을 절대화하지 않는 것입니다.

브라질의 교육사상가 파울루 프레이리는 '사람이냐 구조냐?'에서 사람에 해당하는 부분을 주관적 요인(주관성subjectivity), 구조에 해당하는 부분을 객관적 요인(객관성objectivity)으로 일컬었습니다. 주관성은 개인의 자질로서 역량, 의지, 태도, 열정 따위를 말하고, 객관성은 개인을 둘러싼 환경, 제도, 여건 등을 뜻합니다. 주관성을 중시하는 관점이 주관주의subjectivism, 객관성을 중시하는 관점이 객관주의objectivism인데, 프레이리는 더 나은 세상을 꿈꾸는 실천 주체들은 이 둘 가운데 어느 한쪽에 치우치는 오류를 경계해야 한다고 역설했습니다.

흥미 있는 교육영화 〈프리덤 라이터스Freedom Writers〉에서 주

인공 여교사는 불굴의 의지와 실천력으로 불량 학생들을 감화시켜 독서와 글쓰기를 즐기는 문학도의 길로 인도합니다. 히스패닉 빈민가에 있는 이 학교의 아이들은 학교 안팎에서 폭력에 노출되어 언제 총에 맞아 죽을지도 모르는 위험 속에서 거친 삶을 살아갑니다. 이 학교에서 영문학을 가르치는 교사들은 모두 일주일을 못 버티고 떠나지만 그루웰 선생은 혼신의 노력으로 아이들의 망가진 영혼에 빛을 씌워 줍니다. 문제는 그 과정에서 그루웰의 가정이 망가지는 것입니다. 그루웰의 선한 남편이 어느 날 밤 이혼할 결심으로 짐을 싼 뒤 "가정과 학교, 나와 학생들 가운데 어느 한쪽을 선택하라!"라고 요청하자 그루웰은 눈물을 흘리면서도 남편을 붙잡지는 않습니다.

영화가 막을 내리고 엔딩 크레딧이 올라갈 때 우리의 눈시울이 뜨거워집니다. 특히 교사들에게 그 감동은 각별히 다가올 것

입니다. 하지만 잠시 뒤엔 그 감동을 뒤로하고 허탈감이 밀려옵니다. '나도 교사인데 나는 죽었다 깨어나도 저런 사람은 될 수 없다'는 자괴감에 빠져듭니다. 도대체 지구상에 저런 슈퍼맨, 슈퍼우먼 같은 교사가 몇이나 될까요? 참교육을 하려면 가정을 내팽개치고 온 힘을 다해 학교 아이들을 사랑해야 한단 말인가요?

열악한 교육환경(객관성)에 던져진 참교사가 초인적인 열정과 헌신(주관성)을 발휘해 마침내 참교육을 성사시킨다는 설정, 이것이 교육 영화들의 일관된 플롯입니다. 감동적인 스토리가 현실의 교사들에게 용기와 희망을 고취하고 교육적 영감을 자극하는 것은 좋은 일입니다. 하지만 "어떠한 여건 속에서도 선생 하기 나름"이라는 메시지를 설파하는 것이라면 이러한 사고가 프레이리가 말하는 주관주의적 오류에 해당합니다.

주관주의의 반대편에 있는 객관주의의 오류에 대해서도 생각해 봐야 합니다. 학교가 학생이 처한 환경이나 여건의 중요성을 절대시하고서, 사회구조적 모순의 해결 없이는 교사가 아무리 노력한들 교육을 통한 변화는 불가능하다고 생각한다면, 객관주의적 오류를 범하게 됩니다. 놀이터에 같이 놀 친구가 없어 친구 사귀기 위해서라도 학원에 다녀야 하는 아이들을 볼 때, 릴케에 심취하고 브람스에 빠져들어야 할 청소년이 밤늦도록 야간자습에 시달리는 모습을 볼 때, 누구나 한 번쯤 다음과 같은 생각을 품게 됩니다. 질곡의 입시 제도를 혁파하지 않으면 참교육은 불가능하다고 말이죠. 틀린 말은 아닙니다. 하지만 거대 악惡을 해결하기 전엔 아무것도 하지 않을 것인가, 하는 점에서 이는 올바른 생각일 수 없습니다.

'사람이냐 구조냐?'에서 구조가 더 중요한 것은 틀림없습니다. 몇 해 전에 북유럽 교육 탐방을 할 때 그런 확신이 들었습니다. 덴마크, 스웨덴 따위의 사회에서는 공사판의 인부들도 표정이 밝고 품위가 있어 보였습니다. 사회에 나가서 무슨 일을 해도 최소한의 인간다운 삶이 가능하니 학창 시절에 억지로 열공 할 일도 없습니다. 공부하기 싫으면 학교를 자퇴하고 사회생활하다가 다시 공부하고 싶을 때 늦깎이 학생이 되어 열심히 공부합니다. 그러니 우리처럼 수업 시작하자마자 엎드려 자는 학생도 없고, '그 학생을 깨울까 말까? 깨우려다 봉변을 당하면 어쩌나?' 고민하는 교사도 없습니다. 이 나라 사람들이 우리보다 선천적으로 품위 있고 선량해서 이런 차이를 보이는 것은 아닙니다. 선한 구조가 선한 사람을 만든 결과일 뿐입니다.

그런데! 선한 구조는 어떻게 만들어지는 것일까요? 하늘에서 떨어진 것일까요? 선한 구조도 결국 선한 사람이 만들어 내는 것입니다.

'사람이냐 구조냐?'에서 구조가 중요하다 해놓고선 또 사람이 중요하다 하니 도대체 뭐가 답이란 말이냐고 불만을 제기할 분이 계실 것 같습니다. 그런 불만은 이분법적인 오류입니다. 진리는 '이거냐 저거냐?'의 이분법적 형태로 얻어지지 않습니다. 진리는 이것인 동시에 저것일 수도 있습니다. 선한 교육 구조가 선한 교사와 학생을 길러 내기에 사람을 바꾸는 일보다 구조를 바꾸는 일이 훨씬 중요합니다. 하지만 그렇다고 사람을 변화시키는 일의 중요성을 무시하면 안 됩니다. 구조를 변화시키는 것은 결국 사람이기 때문입니다. "사람만이 희망이다!"라는 화두가 그런 뜻입니다.

'사람이냐 구조냐?'에서 주관성을 중요하게 여기는 시각이 보수이고 객관성을 중요하게 여기는 시각이 진보라고 했습니다. 그래서 철학사에서 진보적 입장을 좇는 사상가들은 개인의 자질보다 그를 둘러싼 환경의 문제를 절대적으로 중요하게 여기는 유물론적 입장을 취합니다. 철학적 유물론에서 첫째가는 사상가로 마르크스 외의 인물을 생각할 수 없죠. 놀랍게도 마르크스는, 사람의 변화와 구조의 변화 가운데 후자가 절대적으로 중요하다는 주장을 펼친 당대의 유력한 유물론자인 포이어바흐L. Feuerbach를 비판하면서 다음과 같은 의미심장한 말을 남겼습니다.

> 인간을 변화시키기 위해서는 먼저 그를 둘러싼 환경과 교육을 바꿔야 한다는 유물론적 신조는, 환경을 변화시키는 것이 바로 인간이며 교육자 자신도 교육되어야 한다는 사실을 놓치고 있다.*

* 마르크스의 『포이어바흐에 관한 테제』에 나오는 문장인데 읽기 쉽도록 제가 조금 고쳐서 옮겼습니다. 영어 원문은 다음과 같습니다.
The materialist doctrine concerning the changing of circumstances and upbringing forgets that circumstances are changed by men and that it is essential to educate the educator himself.

우리 모두는 학교가 교사와 학생이 신명 나게 가르치고 배우는 희망의 교육공동체이길 바랍니다. 이를 위해 우리 교사들이 사회구조의 변화나 교육제도의 개선 문제에 관심을 갖고 가능한 범위 내에서 적극적으로 참여하면 좋겠습니다. 잊지 말아야 할 것은, 막막한 교육 현실 앞에서 모든 것을 내려놓고 싶을 때도 교실에는 우리의 따뜻한 손길을 기다리는 아이들이 있다는 사실입니다. 이성으로는 비관하되, 의지로 낙관하라Pessimism of the intellect, optimism of the will! 곱사등이라는 신체장애에 굴하지 않고 평생을 혁명 운동에 투신하고 투옥된 뒤『옥중수고』라는 탁월한 마르크스주의 이론서를 남기고 요절한 그람시의 멋진 경구를 기억합시다. 곰곰이 생각해 보면, 정치적으로 미력한 존재일지언정 한 사람의 교사가 더 나은 교실을 위해 할 수 있는 일은 의외로 많답니다.

자유와 권위

A초등학교는 경북의 군 지역에 위치한 학교입니다. 농산어촌 지역의 여느 소규모 학교처럼 이 학교도 한때 전교생 수가 20여 명으로 줄어들면서 폐교 위기에 처해 있었습니다. 그러다가 2010년, 경기도의 남한산초등학교를 시작으로 혁신학교 열풍이 일고 있을 때, 참교육을 열망하는 몇몇 학부모와 교사들이 의기투합하여 A초를 혁신학교로 만들고자 했습니다. 특히 이명박 정부 이후 강화된 경쟁 교육에 염증을 느낀 학부모들은 아이들이 공부 스트레스를 덜 받고 자유롭게 놀 수 있는 학교를 원했고, 희망의 교육공동체를 염원하는 교사들은 그런 학부모들을 필요로 했습니다. 보수 교육감 체제하에서 자생적 혁신학교로 세워진 이곳에는 현재 입학 수요가 증대하여 자체적으로 적정 인원을 조절하고 있는 실정입니다.

이른바 '보수의 심장'이라는 TK 지역에서 자생적 혁신학교가 탄생하기까지 겪은 산고의 고통은 간단치 않았고 그 고통만큼 혁신 교육의 열매가 튼실하게 무르익어 왔습니다. 저 역시도 이 학교에 근무하면서 학교의 변화에 약간의 기여를 했으며, 거꾸로 이 학교를 통해 제가 교육적으로나 정신적으로 더 나은 교사로 단련되고 성장했다고 자부합니다. 누구든 자신이 속한 집단을 혁신시키는 과정에서 필연적으로 스스로 혁신되기 마련입니다. 그런 면에서 혁신의 본질은 자기혁신이라 하겠습니다.

A초 아이들은 학교 공부가 끝나면 오후 4시까지 운동장에서 실컷 뛰어놀다 집에 갑니다. 보통의 아이들이 학교 마치고 두세 군데 학원을 돌다가 지친 몸으로 집에 돌아오는 현실을 생각할 때, 학교에서 맘껏 놀 수 있는 환경 자체로 이 학교는 아이들에게 축복입니다. 그뿐만 아니라, 의사결정 과정에 교사와 학부모가 참여하여 적극적으로 의견을 개진하며 합의를 도출하는 민주적인 교육공동체 문화는 다른 학교의 모범이 되기에 충분했습니다.

그런데 이런 빛나는 장점의 이면에 제 입장에서 납득하기 힘든 면이 있었습니다. 기초 학습력이 낮은 학생들을 방치하는 문제였습니다. 6학년 가운데 지력이 멀쩡한 아이가 구구단을 모르는가 하면, 'pen' 따위의 간단한 영어 단어를 쓸 줄 아는 아이가 잘 없었습니다. 한 반에 학생 수가 10명도 안 되는 교실에서 학습 부진아가 많은 이유는 이 학교 특유의 지침 때문이었습니다. 다른 학교에서 '튼튼교실'이라 일컫는, 기초기본학습 역량이 결여된 학생들을 구제하기 위한 프로그램이 이 학교에서는 금기시되었습니다. 안타까운 마음에서 교사가 그런 학생을 남겨서 지도할라치면 주류 교사집단의 눈치를 봐야 했습니다.

저는 소신껏 그렇게 했습니다. 멀쩡한 아이들을 하향평준화시키는 곳은 온전한 학교가 아니라 생각했습니다. 책을 떠듬떠듬 읽어도 구구단을 몰라도 기초 연산 문제를 못 풀어도 알파벳을 몰라도 방과 후에 교사로부터 관리받지 않고 마음껏 뛰어놀 수 있으니 학교에 대한 아이들의 만족도는 당연히 높았지만, 내 눈엔 그런 아이들이 '행복한 바보들'로 보였습니다.

4년 뒤, A초를 떠나 B초*에서 통제 일변도의 학교문화를 접하면서 A초 교육 방식과 비교를 하게 되었습니다. 자유분방한 학교 분위기에서 교사에게 자기 할 말을 다 내뱉는 A초 아이들과 예의범절이 반듯한 이곳 아이들이 비교되었습니다. 내가 보수적인 꼰대여서 그렇겠습니다만, 복도에서 마주칠 때마다 공손히 인사하고 자신이 맡은 1인 1역할을 충실히 수행하기 위해 특별실을 열심히 청소하는 B초 아이들이 대견스럽고 정이 갔습니다. 하지만 그 대견함의 이면에 어떤 길들임의 그늘이 엿보여 안타까웠습니다.

나는 부당함에 맞서 바름을 지키고,
권위주의에 맞서 자유를 지키고,
무제한적 자유에 맞서 권위를 지키고,
좌익 독재나 우익 독재에 맞서 민주주의를 지키는 교사다.

파울루 프레이리의 『자유의 교육학Pedagogy of Freedom』에 나오는 아름다운 문장을 읽으면서 A초등학교에서의 일이 떠올랐습

---

* 이 책에는 제가 최근에 근무한 세 학교가 나옵니다. A초는 2013년부터 2016년까지, B초는 2017년부터 2018년까지 근무했습니다. 경북 구미시에 위치한 B초는 현임교(C초)와 비슷한 규모(20학급 정도)의 학교입니다.

니다. 그 학교에서 내가 행한 교육 실천에 대해 성찰 또는 반성을 했습니다. 프레이리의 말에서 주목할 부분은 "권위주의에 맞서 자유를 지키고, 무제한적 자유에 맞서 권위를 지킨다"라는 것입니다.

프레이리는 '자유와 권위의 변증법'에 관해 말하고 있습니다. 일견, 자유와 권위라는 두 속성은 물과 기름처럼 전혀 양립할 여지가 없다고 생각하기 쉽습니다. 하지만 변증법적으로 이 두 대립물은 불가분의 관계에 있습니다. 이 두 속성 가운데 어느 한 가지만을 양자택일하면 필연적으로 오류로 치닫습니다. 자유가 없는 권위는 권위주의, 권위가 없는 자유는 방임으로 전락하고 맙니다.

방임	자유	권위	권위주의

학교교육을 새에 비유할 때, 이 새는 자유와 권위라는 좌우 두 날개로 균형을 잡으며 비상해 갑니다. 양쪽의 중심을 잡지 못하고 어느 한쪽에 치우치면 교육의 역기능이 초래되고 학생의 건강한 성장은 저해됩니다. 자유가 지나치면 방임으로 흐르고 반대로 권위가 지나치면 권위주의가 됩니다.

자유와 방임이 다르듯이, 권위authority와 권위주의authoritari- anism 또한 다릅니다. 교사는 권위적이어서는 안 되지만, 교사가 권위를 잃으면 교육의 모든 것이 무너집니다. 유념할 것은, 교사의 권위는 위에서 배급하는 것이 아니라 아래로부터 생겨나는 점입니다. 교사가 학생에게 권위를 강제할 때 권위주의가 됩니다.

프레이리적 의미에서 권위는 존경과 동의어입니다. 존경심을 강제로 배급할 수 없듯이 권위도 학생에게서 스스로 우러나는 법입니다. 교실의 질서를 위해 애들은 잡아야만 한다는 교사를 학생들이 존경할 까닭이 없습니다. 교사의 권위는 무엇보다 학생을 존중하는 마음에서 비롯됩니다. 학급 경영이나 수업 전략을 구상할 때 아이들의 눈높이에서 생각하는 이것이 이 글에서 말하는 자유의 속성입니다. 이 때문에 교육에서 자유와 권위는 양립할 수 있을뿐더러 양립해야만 합니다.

'아이들의 눈높이에서 생각하기'는 아이들의 입장을 존중하자는 뜻도 있지만, 아이들의 한계를 직시하자는 의미이기도 합니다. 학교에서 아이들에게 무제한의 자유를 허용한다면 아이들은 공부는 안 하고 놀기만 할 것이며, 무질서와 혼란으로 교실은 엉망진창이 될 것입니다. 아이들의 바른 성장을 위해 교사의 개입이 절대적으로 필요합니다. 다만, 권위주의가 아닌 권위에 바탕하여 학생들을 이끌어야 하겠죠. 배움에서도 즐거움을 느낄 수 있다는 것, 모두가 행복한 교실을 위해 양보와 배려의 중요성을 알게 되는 것은 학생 스스로가 아닌 교사의 지도를 통해서만 가능합니다.

프레이리가 무한한 자유를 부정하는 것은 인간 존재의 불완전성 때문입니다. 이 불완전성은 미성숙한 학생들뿐만 아니라 교사에게도 적용됩니다. 학생들에게 무제한의 자유가 방임으로 치닫듯이, 교사들에게도 그럴 위험성이 상존합니다. 고백건대, 저는 다른 학교에 비해 관리자로부터 제약을 덜 받는 A초에서 느슨한 교육적 책무성을 즐겼던 순간이 적지 않았습니다.

오해를 피하기 위해 부언하면, 프레이리는 '불완전성 unfinishedness'이란 개념을 매우 긍정적인 의미로 쓰고 있습니다. 인간은 미완의 존재이기 때문에 끊임없이 발전해 갈 수 있는 무한한 가능성의 존재라는 거죠. 다만, 이 발전은 홀로 이루어지지 않습니다. 생각을 달리하는 실천 주체들의 부대낌과 함께 부단한 성찰과 새로운 시도를 통해 이루어집니다.

A초가 다른 학교에 비해 건강한 교육공동체였다는 저의 자부심도 이런 것이었습니다. "회의 문화는 어떤 집단이 얼마나 건강한가를 가늠할 수 있는 척도"라 생각합니다. 타 학교의 직원협의회가 협의는 없이 지시와 전달 그리고 관리자들의 훈화 말씀이 전부인 것과 대조적으로, A초에서의 회의는 교사들 간의 치열한 토론과 건설적인 대화로 꽃을 피웁니다. 집단지성을 통해 최선의 교육 방향을 모색함과 아울러, 느슨한 책무성에 대해서도 집단적 자기 규율을 발동해 중심을 잡아 갔다고 자평해 봅니다.

그 과정에서 실천 주체들 사이의 갈등으로 서로 상처를 주고받은 적도 많았습니다. 너무 힘들어서 다시 그곳에 가고 싶지 않은 마음이지만, 내 교직 삶에서 나를 가장 많이 성장시킨 곳이 그곳이었습니다. 바람직한 교육을 생각하는 관점이 서로 다름에 따른 대립으로 서로를 아프게 했습니다. 하지만 많이 아팠기 때문에 많이 성장할 수 있었습니다. No pain, no gain! 저는 이보다 변증법의 심오한 이치를 더 잘 말해 주는 문장을 알지 못합니다.

A초를 뒤로하고 다시 일반 학교에 근무하면서 달라진 것이 있습니다. A초로 향하기 전보다 학생들에게 덜 억압적이고 덜 권위적인 교사로 변신한 것입니다. 지금 나이가 한창 들었음에도, 젊었을 때보다 아이들에게 더 많은 인정과 존경 그리고 신뢰를 받을 수 있는 것은 순전히 A초에서의 치열한 경험 덕분이었습니다.

A초로 향하기 전에 저는 스스로를 괜찮은 교사로 착각했습니다. 그 시절엔 보통의 학교에서 아이들에게 억압적이고 권위적인 교사가 많았기에 나는 그들과 다르다고 생각했습니다. 하지만 (자유, 권위)의 양팔 저울에서 자유에 무게중심이 있는 A초에서 근무하면서 나는 비로소 내가 꽤 권위적인 교사라는 것을 인식하게 되었습니다. 그런 한편, 동료들과는 상대적으로 내가 권위를 중시하고 보수적인 성향이 강했던 측면이 그 학교를 발전시켰던 점도 있었다고 생각합니다. 모르긴 해도, 지금 A초가 앞에서 말한 기초 학력의 문제를 극복해 가고 있다면 저를 비롯한 보수주의자들의 영향력이 작용한 결과라 판단합니다.

자유와 방임, 권위와 권위주의는 종이 한 장의 차이일 수 있습니다. 한 발자국만 더 나아가면 자유가 방임으로, 권위가 권위주의가 됩니다. 그러면 그 경계 지점이 어디인가, 묻게 됩니다. 이에 대해 일률적으로 정해진 답은 없습니다. 상황과 장소 그리고 실천 주체의 역량과 학생들의 수준에 따라 각각 달리 판단할 문제입니다. 만약 내가 다시 A초에 가게 되고 그곳 상황이 예전처럼 (자유, 권위) 가운데 자유에 치우쳐 있다면 나는 기꺼이 권위에 치중하는 행보를 걸을 것입니다. 모든 경우에 똑같이 적용될 보편타당한 진리는 있을 수 없습니다. 진리는 언제나 구체적으로 접근해야 합니다.

2. 교실살이의 이론적 기초

이론은 성찰을 심화한다

청소년기 한때 무협지에 빠져든 적이 있었습니다. 무협 소설의 단골 레퍼토리 가운데 하나가 가공할 검술 비법이 수록된 한 권의 책을 놓고 경쟁자들끼리 맹렬한 사투를 벌이는 것입니다. 우여곡절 끝에 책을 손에 넣은 주인공은 책에 적힌 대로 검술을 연마하여 무림 최고의 고수가 됩니다. 당시 저는 이게 이해되지 않았습니다. 상식적으로, 검술이든 권법이든 고수가 되는 길은 이론적 측면보다는 실천적 측면, 즉 신체적 단련이 절대적으로 중요하다고 생각했기 때문입니다. 그런데 지금 생각해 보니 무협지 특유의 과장된 측면은 있다손 치더라도 그런 상황 설정은 이론과 실천의 불가분의 관계성에 비추어 볼 때 나름대로 설득력이 있어 보입니다. 중국 무협 소설의 영향을 전혀 받지 않았을 베이컨도 "아는 것이 힘!"이라는 명언을 남겼으니 말입니다.

이 글을 쓰면서 문득 제 첫 저작 『교사가 교사에게』에서 추천사를 쓰신 분이 저를 '강호의 고수'라 일컬었던 기억이 떠오릅니다. 추천사란 게 본디 저자에 대한 과도한 칭찬 일색으로 흐르는 법인지라 우쭐할 마음은 없습니다. 다만, 문맥상 '강호+고수'라는 수사가 저의 논리 전개와 절묘한 조화를 이룰 것이라는 전략적 취지에서 인용해 봅니다. 적잖이 과장된 평론일지언정 제게 무림武林 아닌 교육계에서 고수로 불릴 만한 이유가 있다면, 이론의 힘 때문이라 생각합니다. 제가 강호의 고수인지는 모르지만, 교육학이든 심리학이든 사회학이든 이런저런 이론에 흥미를 품고 나름 성실하게 천착해 왔다고 자평합니다.

마흔 중반부터 안경을 쓰기 시작했는데, 안경을 처음 썼을 때 전에는 희미하게 보였던 사물이 선명하게 보이는 것에 신선한 충격을 받았더랬습니다. 비슷한 이치로, 교사의 정신세계에 이런저런 이론을 장착하게 되면 어떤 투시력이 생겨납니다. 교실이나 학교 일상에서 전에는 보이지 않던 무엇이 보이기 시작합니다.

거듭 외람됩니다만, 페이스북에서 저의 교실살이 이야기를 글짓기 하여 올리면, 교사인 벗들로부터 간혹 "나의 교실에서도 늘 경험하는 평범한 교육 일상인데 색다른 관점으로 뜻깊게 풀어내는 것이 놀랍다"는 평을 듣곤 합니다. 2017년부터 작년까지 5년 연속으로 3학년 담임을 했고, 올해는 5학년 담임을 하고 있습니다. 이전에 3학년 담임과 5학년 담임을 한 지가 20년 가까이 됩니다. 그런데 그때는 보이지 않았던 무엇이 지금 선명하게 보이는 것은 왜일까요? 20년이라는 경험치 때문일까요? 그렇지 않을 겁니다. 고경력의 모든 교사가 교육적 혜안을 갖는 것은 아닙니다. 오히려 책을 멀리하고 나이만 먹으면 후배 교사들보다 교육적 식견이 무뎌지기 마련입니다. 제 경우는 20년 동안 이론 섭렵을 게을리하지 않은 것에 힘입었다고 생각합니다.

이론은 성찰을 심화한다!

제가 역자로 참여한 『교실을 위한 프레이리』I. Shor et al., 사람대사람 옮김, 살림터, 2015에 나오는 문장입니다. 원문은 "Studying theory deepens the nature of reflection"인데, 우리말로 그 멋을 살려 내기가 어렵습니다.

프레이리적 의미에서 실천의 본질은 프락시스praxis입니다. 이는 단순한 실천을 의미하는 practice와 다릅니다. praxis와 practice의 차이는 성찰의 유무에 있습니다. 프레이리에게 진정한 의미의 실천(프락시스)은 성찰reflection과 행동action이 조화를 이룹니다. 성찰 없이 행동으로 옮기기를 강조하는 경향성을 프레이리는 행동주의activism라 일컬었는데, 저는 교육 운동 진영에서 이런 분들을 많이 봤습니다. 한편, 잘못된 교육제도를 바꾸기 위한 현실 참여에는 무심한 채 교육에 대해 왈가왈부하는 부류는 버벌리즘verbalism으로 규정되는데, 우리 사회의 많은 지식인이 이에 해당할 것 같습니다.

일선에서 학생 교육을 담지하는 교사들이 행동주의와 버벌리즘의 오류를 피하기 위해서는 우리가 성찰의 안받침 아래에서 실천에 매진해야겠습니다. 또한 성찰은 통찰을 요하는 문제이기에 교육적 혜안을 지니기 위해 평소 이론 공부도 열심히 해야겠습니다. 이론 공부를 통해 우리는 깊은 성찰을 꾀할 수 있습니다.

톰 소여 효과

날마다 말썽을 부리는 톰에게 폴리 이모는 벌로 담벼락
에 페인트칠하기를 시킨다. 3야드 높이에 길이는 무려
30야드나 되는 담장을 칠하자니 톰은 눈앞이 캄캄하다.
고된 노동에 따른 신체적 고통도 고통이었지만 친구들
로부터 놀림을 받을 생각을 하니 비참했다. 하필 이 모
습을 가장 보이고 싶지 않은 앙숙인 벤이 다가온다. 이

때 톰의 머리에 전광석화처럼 기지가 떠올랐다. 벤이 "이 좋은 날씨에 일하느라 수고가 많다!"며 비꼬자 톰은 "이게 일로 보이냐?"라는 말로 되받아치며 대꾸할 시간이 없다는 듯이 열심히 페인트칠에 몰입한다. 그 모습은 흡사 자기 작품 활동에 빠져든 화가처럼 근사해 보였다. 급기야 벤은 자신도 한번 칠해 보고 싶다고 부탁하는데, 톰은 이건 아무나 할 수 없는 일이 아니라며 몇 차례 거절한 뒤 마지못해 선심 쓰듯이 벤의 손에 솔을 건네준다. 대신 벤의 손에 있던 사과는 톰에게 양도되었다. 벤에 이어 여러 친구들이 톰의 마수에 걸려들었고 이들은 자신이 애지중지하는 물건들을 갖다 바치고서야 그 귀한 체험학습에 참여할 수 있었다.

마크 트웨인의 『톰 소여의 모험』에 나오는 유명한 장면을 제 나름으로 약간 각색해서 옮겨 봤습니다. 자신의 유년기 경험을 바탕으로 지은 이 훌륭한 문학작품에서 트웨인은 심리학자를 무색하게 하는 번득이는 아이디어를 선사해 주고 있습니다. 위의 글에 이어지는 문장입니다.

톰은 인간 행동의 위대한 법칙을 발견하였다. 어른이나 아이에게 무슨 일을 하게 하려면 그 일이 아무나 쉽게 할 수 있는 일이 아니라는 것을 말해 주면 된다는 것이다. 만약 톰이 이 책의 지은이처럼 훌륭한 철학자라면 다음과 같이 말할 것이다. 어떤 일이든 강요에 의해 하면 노동이고 스스로 하면 놀이가 된다고. … 영국에는 사륜마차를 하루 이삼십 마일 모는 부유한 신사가 있는데, 그는 자원봉사로 이 일을 한다. 만약 그에게 돈을 지급한다면 당장 그만둘 것이다.

톰의 입을 빌려 트웨인은 스스로를 철학자로 일컫고 있는데, 당시에는 아직 심리학이 학문으로 정립되지 않았기에 심리학적 이슈들은 철학자의 몫이었습니다. 이 글을 쓰면서 조회해 보니, 심리학의 아버지 분트W. Wunt, 1832-1920와 트웨인1835~1910은 거의 같은 시기를 살았네요.

소설 속에서 톰이 발견한 위대한 법칙은 훗날 대니얼 핑크 Daniel Pink에 의해 톰 소여 효과the Sawyer Effect라는 이름의 이론으로 세워집니다. 사실 이 이론은 핑크가 트웨인의 소설 속 문장을 그대로 옮겨서 정리한 것에 불과할 정도인데, 트웨인의 버전에서 업데이트된 부분이 있다면 동기라는 개념이 추가된 것입니다.

아시다시피 동기motivation에는 외적 동기와 내적 동기가 있습니다. 한자어動나 영어motion 둘 다 어원상 '움직임'이라는 뜻을 내포하고 있는 것에서 보듯, 동기는 사람의 마음을 움직이는 힘을 말합니다. 그 힘이 외부에서 작용하면 외적 동기이고, 내부에서 생겨나면 내적 동기입니다. 톰 소여 효과가 빛나는 부분은 인

간 행동을 설명하는 지배적인 심리학 이론인 행동주의behaviorism
의 관점과 대조를 이루는 점입니다. 이는 특히 교육적 사태와 관
련하여 중요한 함의를 담고 있기에 우리 교사들이 주목할 필요가
있습니다.

톰 소여 효과 이론에 따르면, 일과 놀이는 그것을 추동하는
동기의 성격에 따라 서로 왔다 갔다 합니다. 변증법 용어로 환언
하면, 대립물의 상호전환transformation이 이루어지는 겁니다. 영
국 신사로 하여금 여름날 종일토록 사륜마차를 몰게 한 힘은 내
적 동기였습니다. 이 경우 신사의 활동은 일이 아닌 놀이였습니
다. 트웨인은 급여를 지급할 때, 즉 외적 동기를 부여하면 그 놀이
는 이내 일로 바뀌어 신사의 활동 의지가 식어 버릴 것이라고 말
합니다.

외적 보상, 행동주의심리학의 용어로 강화물reinforcement 제
공이 주체의 활동 의지를 소멸시키는 이치에 비추어, 교육현장에
서 스티커나 포인트(마일리지) 같은 것들을 학생들에게 부여하는
문제의 심각성에 대해 생각해 봐야 합니다. 교사들에게 연수 학
점 같은 것을 제공하는 것도 똑같은 부작용이 있습니다.

외적 동기 유발이 해로운 것은, 강화물 제공이 멈춰지면 학습
의욕도 멈추는 것입니다. 어느 심리학자가 유치원 아이들을 두 그
룹으로 나누고 그림을 그리게 했습니다. A그룹 아이들에게는 과
업을 잘 완성하면 상을 준다고 말했고 B그룹 아이들에게는 그런
말을 하지 않았습니다. 2주일 뒤에 똑같은 아이들을 대상으로 크

레파스와 도화지를 주고 놀게 했더니 놀라운 결과가 빚어졌습니다. A그룹 아이들은 B그룹 아이들에 비해 그림에 대한 흥미나 끈기가 저하되어 있었습니다.

아이든 어른이든 사람은 누구나 내적으로 지적 호기심에 따른 학습 욕구를 품는 존재이거늘 외적 보상으로 그 욕구를 유인하는 것은 도의적으로도 온당치 않습니다. 이런 전략은 인간의 품위를 유린할뿐더러 생래적 지적 욕구를 불구화시키는 점에서 윤리적으로나 실용적으로도 해롭다 하겠습니다. 학생의 성장에서 내적 동기를 이끌어 내고 그것을 유지시키는 일은 교육자의 지난한 과업인 까닭에 톰 소여 효과 이론은 우리의 주목을 끕니다.

스키너의 조건형성 이론

앞글에서 톰 소여 효과의 의의를 음미해 봤지만, 이번에는 그 대립 지점에 있는 행동주의심리학의 중요성에 대해 살펴보겠습니다.

행동주의심리학은 인간을 동물과 같이 취급하기 때문에 많은 사람이 거부감을 품는 경향이 있습니다. 문제는, 그러한 거부감이 대개 맹목적인 형태를 취하는 비이성적 양상을 띠는 것입니다. 인간의 발전이 동물 진화 과정의 연속선상에서 이루어진 점에서 인간이 동물과 별반 다르지 않다는 관점엔 큰 무리가 없습니다. 인간과 침팬지의 DNA는 99%가 일치합니다. 따라서 동물 행동 실험을 통해 발견한 심리 법칙은 대부분 인간 심리에 그대로 적용할 수 있는 것입니다. 행동주의의 문제점은 나머지 1%의 차이에서 오는 인간 정신 기능의 특수성을 간과한 것에 있습니다. 그렇지만 1%의 차이를 무시한 행동주의심리학의 오류는 99%의 유사성을 간과하는 반지성주의적 오류의 심각성에 비할 바가 아니라 하겠습니다.

행동주의심리학 발전사에서 고전적 행동주의 이론인 파블로프의 조건반사는 동물은 몰라도 오묘한 인간 존재의 행동에 대한 설명으로는 한계가 있습니다. 이에 반해 스키너는 유기체가 주어진 자극에 수동적으로 반응하기만 하는 것이 아니라 스스로의 의지에 따라 행동한다고 보면서 꽤 정교한 이론 체계를 제시했습니다.

유기체가 자극에 수동적으로 반응하는 파블로프의 행동양식을 반응행동이라 하고 스키너의 행동양식을 조작행동이라 합니다. 반응행동과 조작행동은 자극-반응의 순서가 정반대입니다. 특정 자극이 주어질 때 반응하게 하는 반응행동 기제와 달리 조작행동 기제에서는 특정 행동을 수행할 때 자극을 제공합니다. 따라서 스키너의 매뉴얼이 파블로프에 비해 훨씬 더 인간적이고 교육적이라 하겠습니다.

조작행동을 형성하는 조건을 조작적 조건화operant conditioning라 하는데, 조작적 조건화는 강화reinforcement와 처벌punishment의 두 유형이 있습니다. 강화와 처벌에는 각각 정적인positive 것과 부적인negative 것이 있어, 결국 조작적 조건화는 정적 강화, 부적 강화, 정적 처벌, 부적 처벌의 네 가지로 분류됩니다.

- 정적 강화: 유쾌한pleasant 자극을 제공하여 행동의 발생 빈도를 높이는 강화. 인사 잘하는 아이에게 칭찬해 주면 아이는 인사를 더욱 열심히 하게 됩니다. 인사라는 자극(강화물)이 아이의 인사 행동을 강화한 것입니다.
- 부적 강화: 불쾌한unpleasant 자극을 제거함으로써 행동의

발생 빈도를 높이는 강화. 우리 교실에서는 아침에 들어올 때 반드시 교사와 인사를 하게 합니다. 자리에 앉기 전에 눈인사라도 해야 합니다. 저는 인사하기를 기피하는 내향적인 아이들의 행동을 교정할 목적으로 일부러 이런 아이들과 눈을 안 마주칩니다. 그러면 아이는 내가 있는 곳으로 다가와서 인사를 해야 합니다. 아이는 이런 불편을 피하기 위해 인사를 적극적으로 하게 됩니다. 앞에 나와서 인사하게 하는 조치(불쾌 자극)가 아이의 인사 행동을 강화한 것입니다.

- 정적 처벌: 불쾌한 자극을 제공하여 행동의 빈도를 줄이는 것. 욕설을 자주 하는 아이에게 욕설할 때마다 반성문을 쓰게 하여 욕설 구사를 자제하게 하는 처방이 정적 처벌입니다.

- 부적 처벌: 유쾌한 자극을 제거함으로써 행동의 빈도수를 줄이는 것. 숙제 안 해 오면 집에 일찍 안 보내 준다고 할 때, 집에 일찍 가는 유쾌한 자극을 제거함으로써 숙제 안 해 오는 행동의 빈도수를 줄일 수 있습니다.

이 네 가지 정식은 간단해 보이지만, 막상 적용하려 하면 무척 헷갈립니다. 이러한 혼란은 스키너의 용어들이 일상적 의미와 다르게 쓰이는 것에서 기인합니다. 특히 부적 강화와 정적 처벌을 혼돈하는 경우가 많은데, 일상적 의미로 처벌이 부정적인 어떤 조치로 생각되기 때문입니다. '정적positive-부적negative'에서 긍정-부정의 의미는 없습니다. 마찬가지로, 처벌punishment도 '벌주기'와는 무관합니다. 정적이든 부적이든 강화는 행동의 발생 빈도를 높이는 것이고 처벌은 발생 빈도를 낮추는 것입니다. 그리고 강화든 처벌이든 정적인 것은 자극을 가하는 것이고 부적인 것은 자극을 감하는 것입니다. 이 네 가지를 헷갈리지 않고 쉽게 기억하기 위해 다음 도식과 같이 (+, -) 개념으로 접근하면 좋을 겁니다.

	자극 가하기(+)	자극 감하기(-)
행동 증가(+)	정적 강화	부적 강화
행동 감소(-)	정적 처벌	부적 처벌

행동주의심리학에 대한 호불호와 무관하게 일상 속에서 우리는 스키너의 네 가지 조건형성을 습관적으로 되풀이하고 있음은 부인할 수 없는 사실입니다. 따라서 교사나 부모가 취할 자세는 행동주의를 거부할 것이 아니라, 어떻게 바람직하고 효율적인 방법으로 이것을 활용할 것인가 고민하는 것입니다.

강화와 처벌 모두 학생의 행동을 변화시키기 위한 전략인데, 처벌보다 강화가 교육적으로 바람직할 뿐만 아니라 효과도 더 높다는 것을 명심해야 합니다. 가장 바람직한 것은 정적 강화입니다. 물론 모든 정적 강화가 바람직한 것은 아닙니다. 스티커나 사탕 따위의 물적 보상을 동반한 정적 강화는 교육적 역기능을 초래할 위험이 있습니다. 하지만 교사의 따뜻한 한마디의 칭찬과 같은 정적 강화는 다음과 같은 면에서 의미심장한 교육적 장점이 있습니다.

첫째, 아이의 인성 발달에 긍정적인 영향을 미칩니다. 교사나 부모로부터 칭찬을 많이 받은 아이는 자존감과 자신감이 높아지는 반면, 처벌을 많이 받은 아이는 부정적인 자아 개념과 함께 공격적인 성향을 품을 가능성이 많습니다.

둘째, 정적 강화는 바람직하지 않은 어떤 행동을 수정하기 위한 최선의 처방일 수 있습니다. 반면, 처벌은 오히려 상황을 악화시키거나 반발심을 불러일으키기만 합니다. 말더듬증이나 틱 장애를 겪는 아이가 문제 행동을 보일 때 즉각적으로 잘못을 지적하는 것(=정적 처벌)은 아이를 주눅 들게 하여 실의의 늪에 빠뜨리는 우를 범하게 됩니다. 그보다는 평소와 달리 정상적인 행동을 보이는 어느 순간을 놓치지 말고 제때 칭찬해 줌(=정적 강화)으로써 그 행동의 발생 빈도를 높일 수 있습니다.

셋째, 정적 강화는 학생의 바람직한 행동을 강화할 뿐만 아니라 교사에 대한 학생의 신뢰도 강화시킵니다. 반면, 잦은 처벌은 교사-학생의 관계를 악화시켜 생활지도는 물론 수업에서도 악영향을 미칠 위험이 있습니다.

정적 강화가 바람직한 것은 알지만, 교실 상황에서 어쩔 수 없이 처벌적 조치를 해야 할 경우가 많은 것이 현실입니다. 다만, 처벌은 정적 강화와 연결될 때 그 효과가 증대될 수 있습니다. 승부욕이 지나치게 강한 현명이는 체육 수업 때 교사로부터 그 문제점을 몇 차례 지적받았습니다. 스스로 자신의 과도한 욕망이 자신은 물론 반 전체에 부정적인 영향을 미친다는 것을 깨닫고 행동을 고치려 애쓰는 모습이 보였습니다. 이때 칭찬을 해 줬더니 아이는 뛸 듯이 기뻐하며 그 뒤로 체육 시간에 완전히 달라진 모습을 보였습니다.

인간을 동물과 같이 취급한다고 해서 행동주의 심리학을 무조건 배격하는 반지성주의적 오류를 경계해야 하겠습니다. 인간의 자유의지를 부정하는 점에서 스키너의 이론은 논란의 여지가 많은 것이 사실이긴 합니다. 그럼에도 그의 조건형성 이론은 우리 교사들이 숙지하고 잘 활용하면 스트레스와 분노를 줄이면서 화목하고 생산적인 교실살이를 꾸려 가는 데 큰 도움이 될 것입니다.

레프 비고츠키

만유인력을 발견한 아이작 뉴턴은 "내가 멀리 볼 수 있었던 것은 거인의 어깨에 올라서 있었기 때문이다"라는 말을 남겼습니다. 나의 교육 사상 형성에 영향을 미친 많은 거인들이 있지만, 그중 내가 이분들을 만나지 못하고 교직 삶을 마감했으면 어쩔 뻔했을까 싶은 사람을 둘만 꼽으라면 주저 없이 마르크스와 비고츠키를 들겠습니다. 마르크스의 어깨 위에 서서 나는 인간과 사회를 이해할 수 있었고, 비고츠키를 통해서는 아동과 교육을 더 잘 알게 되었습니다. 마르크스와 비고츠키 둘 다 중요한 사상가이지만, 이 책에서는 학생 교육에 직접적으로 연결되는 비고츠키에 대해 다루고자 합니다.

레프 비고츠키Lev Vygotsky는 1896년 제정 러시아의 오르샤(벨라루스의 소도시)에서 태어났습니다. 부모님은 중산층의 유대인이었는데, 비고츠키는 교사 출신의 어머니로부터는 지적으로나 정서적으로 선한 영향을 받았고 은행원이었던 아버지로부터는 사회적 모순에 저항하는 정신을 배웠습니다. 당시 러시아에서는 유대인에 대한 박해가 심했습니다. 대중들 사이에 유대인에 대한 악감정이 팽배했고 심지어 당국에서 그것을 부추기기까지 했습니다. 이런 사회적 분위기에서 폭도들이 유대인 거주지를 쑥대밭으로 만드는 난동을 벌이곤 했는데, 비고츠키의 아버지는 이들로부터 주민들을 지키는 일에 앞장섰습니다. 어린 시절에 겪은 사회적 차별에 대한 뼈저린 경험과 대의를 지키기 위해 자기 몸을 아끼지 않은 아버지의 올곧은 실천 정신은 훗날 비고츠키의 삶에 깊은 영향을 끼쳤습니다.

김나지움(중등교육기관)을 졸업한 뒤 비고츠키는 모스크바 대학교에 입학했습니다. 이 대학은 유대인의 입학 비율이 3퍼센트로 제한되었고 그것도 추첨을 통해 뽑았는데 비고츠키는 운 좋게 합격했습니다. 당시 유대인은 안정적인 직업이라 할 공무원이 될 수 없었기에 부모님은 비고츠키에게 의사의 길을 권했습니다. 비고츠키는 의학을 공부하다가 적성에 맞지 않았는지 한 달 뒤에 법학으로 방향을 틀었습니다. 유대인들은 페일Pale이라는 집단거주지역에서 살아야 했지만, 변호사에겐 거주이전의 특권이 주어졌습니다. 하지만 이 자유로운 영혼을 지닌 천재에게는 의학도 법학도 흥미를 끌지 못했습니다. 비고츠키는 문학을 비롯한 다양한 학문 분야를 섭렵하며 특유의 왕성한 지적 욕구를 채우다가 마침내 심리학에 천착했습니다. 심리학자로서 초창기에 그가 파고든 영역은 손상학(장애학)이었는데, 이러한 의외성은 그가 성장기에 유대인으로서 겪은 사회적 불평등으로 인한 아픔이 그늘진 곳에 있는 사회적 약자에 대한 관심으로 연결된 결과로 보입니다.

1917년, 인류 역사에 지각 변동을 일으킨 러시아 혁명은 차르 체제하에서 신음하던 피억압 민중들에게 커다란 축복이었지만,

21세의 청년 비고츠키에게는 남다른 감흥으로 다가왔습니다. 혁명 후 변혁적인 사회문화적 분위기에 힘입어 청년 비고츠키는 마르크스주의에 경도되어 갔습니다. 마르크스주의에 관한 소양은 일취월장했고 급기야 비고츠키는 자신의 표현으로 '심리학의 자본론' 짓기를 필생의 과업으로 삼았습니다. 그 결실이 바로 비고츠키의 유작이자 최대 역작인 『생각과 말Thinking And Speech』입니다.

비고츠키는 자신을 신생 사회주의사회 건설을 위해 이론과 실천 양면에서 기여하고자 하는 철저한 마르크스주의 사상가로 규정했습니다. 하지만 극악무도한 스탈린 독재 정권은 비고츠키가 피아제를 비롯한 서구 심리학자들과 소통한다는 이유로 숙청 재판에 회부했습니다. 1934년, 비고츠키는 이 재판에 대한 변론을 고심하던 와중에 결핵으로 사망했습니다.

37세로 요절한 탓에 '심리학계의 모차르트'로 불리는 이 천재 심리학자는 살아서는 본국에서 반동주의자로 몰려 인정받지 못했고, 죽어서는 또 마르크스주의자라는 이유로 서방 세계에서 외면받았습니다. 1962년 비고츠키의 주저 『사고와 언어Thought And Language』*가 영어로 번역될 때만 해도 별 관심을 얻지 못하다가 1978년에 『마인드 인 소사이어티Mind in Society』를 계기로 서구 학계에서 비고츠키 붐이 일기 시작했습니다.

---

* 비고츠키의 이 책은 그가 세상을 떠난 1934년에 출간되었습니다. 그 뒤 영문판으로는 1962년에 『사고와 언어』라는 제목으로 출간되었다가, 1987년에 다시 『생각과 말』이라는 제목으로 별도의 영문 번역서가 나왔습니다. 두 책은 역자도 다르고 책의 분량도 다릅니다. 한글판 또한 서로 다른 역자에 의해 각각 『사고와 언어』와 『생각과 말』이라는 제목으로 출간되어 있습니다.

정신도구: 비고츠키 이론의 핵심

저의 교실살이는 비고츠키를 알고 나서 완전히 바뀌었습니다. 거시적 차원에서 학생과 교육을 바라보는 관점이 바뀐 것도 있지만, 교육 실천의 차원에서 부진 학생을 더 효율적으로 지도하는 방법을 터득하는가 하면 교실 일상에서 또래나 교사를 힘들게 하는 아이들을 더 잘 보듬게 되는 지혜와 힘을 얻게 되었습니다. 이 두 가지는 교실살이를 영위하는 교사에게 가장 중요한 문제일 뿐더러 가장 힘든 난제이기도 합니다. 우리 교사들이 비고츠키를 꼭 알아야 하는 이유도 이 때문이라 하겠습니다. 이 책에선 비고츠키 이론의 핵심이지만 많은 사람들이 간과하고 있는 '정신도구' 개념과 그것의 교육적 함의에 대해 말씀드리겠습니다.

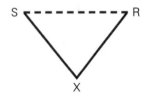

비고츠키는 외부 자극에 반응하여 학습을 꾀하는 인간 유기체의 특수성을 설명하는 위의 모형을 제시했습니다. 이 모형에서 학습자는 두 경로를 통해 자극에 반응합니다. 하나는 자극에 직접적으로 반응하는 것(S-R)이고 다른 하나는 보조물(X)에 매개된 반응(S-X-R)입니다. 보조물 또한 자극이기 때문에 학습자는 두 가지 자극에 이중적으로 반응하는 겁니다. 그래서 비고츠키는 자신의 모형을 '이중자극 모형'이라 이름 지었습니다.

반응(R)은 학습을 의미합니다. 학습이 이루어지는 두 경로 S-R과 S-X-R의 차이를 '무엇을 기억하는 학습'의 경우를 예로 들면, 전자는 머리로 그냥 기억하는 것이고 후자는 메모장에 적어서 기억하는 겁니다. 비고츠키는 전자를 선천적natural 기억, 후자를 매개된mediated* 기억으로 구분했습니다. 선천적 기억(S-R)은 동물과 인간 모두에게 해당하지만, 매개된 기억(S-X-R)은 오직 인간의 몫임을 입증한 것이 비고츠키의 위업이라 하겠습니다.

비고츠키 심리학에서 보조물은 문맥에 따라 매개체mediator 또는 정신도구psychological tool라고 일컫는데, 이 둘은 같은 의미의 개념으로 봐도 무방하겠습니다. 비고츠키는 정신도구의 예로서 언어, 글, 다양한 수와 연산법, 기억술, 대수적 상징, 예술 작품, 도식, 다이어그램, 지도, 청사진, 여러 가지 기호 등을 들었습니다만C. Ratner et al., 『비고츠키와 마르크스』, 이성우 옮김, 살림터, 2020, p. 255, 이 밖에도 정신과정**을 돕는 모든 것은 정신도구로 볼 수 있겠습니다.

---

* 매개(mediation)는 비고츠키 심리학에서 매우 중요한 개념입니다. 비고츠키 이론을 처음 접하는 분들은 매개된(mediated)'이란 표현에 적응이 잘 안 될 겁니다. 이것은 '~를 활용하는' 또는 '~의 도움을 받은'이란 뜻입니다. 이를테면, '도구에 매개된'은 '도구를 활용한', '교사에 매개된'은 '교사의 도움을 받은'이란 의미입니다. 비고츠키는 매개를 가르침(instruction)과 동의어로 봤습니다. Karpov, 『비고츠키 교육학』, 실천교사번역팀 옮김, 살림터, 2017, p. 49.

비고츠키는 정신도구의 의의와 중요성을 기술도구technical tools에 빗대어 설명했습니다. 기술도구의 발달이 인간의 육체노동을 진전시켰듯이, 정신도구는 인간의 정신노동, 즉 정신과정을 진전시켰다는 겁니다.

선천적 정신과정   정신 도구에 매개된 정신과정

땅 파는 일을 할 때 인류는 처음에 맨손을 이용하다가 삽이나 곡괭이 그리고 포클레인이라는 도구를 사용하면서 점점 일을 효율적으로 할 수 있게 되었습니다. 마찬가지로, 신체가 아닌 머리를 쓰는 정신과정에서는 정신도구를 활용하면 목적을 쉽게 달성할 수 있습니다. 이를테면, 여행 일정을 기억하기 위해 수첩에 적어 두거나 스마트폰의 앱을 이용하는 것입니다.

** 정신과정(mental process)이란 정신기능(mental function)과 같은 의미로 쓰이는 용어로서, 지각, 기억, 사고, 의지, 정서 등을 포함한 개인의 정신 작용과 관련된 모든 것을 뜻합니다. 언어 사용이나 문제 해결, 추상적 사고와 같은 고차원적인 정신과정은 특별히 인지과정(cognitive process)이라 일컫습니다.

머리가 좋은 사람은 메모하지 않고 그냥 기억할 수도 있습니다. 이 경우는 위의 도식에서 학습 주체가 학습 대상을 직접적으로 인식하는 경로로서 선천적 기억 역량입니다. 정신과정에서 선천적 기억력은 육체노동에서 원시인이 맨손으로 땅 파는 것에 비유할 수 있습니다. 원시인의 손아귀 힘은 현대인을 훨씬 능가하겠지만, 맨손으로 땅 파는 일의 효율성은 삽이나 포클레인을 이용하는 작업에 비할 바가 못 되겠죠. 마찬가지로, 선천적 기억력이 아무리 뛰어난들 문자로 기록하는 것보다 나을 수 없습니다.

비고츠키의 정신도구 개념은 '교육의 가능성'이란 차원에서 매우 중요한 시사점을 제공합니다. 흔히 우리는 어떤 학생이 공부를 잘하고 못하는 것이 머리 좋고 나쁨에 달렸다고 믿습니다. 개인의 지적 역량은 유전적 요인에 의해 결정된다는 거죠. 교육의 가능성이란 환경적 요인이 유전적인 한계를 얼마나 상쇄할 수 있는가 하는 문제로 환원된다고 하겠는데, 이와 관련하여 비고츠키의 수제자인 레온티에프와 루리아가 의미심장한 실험 결과를 남겼습니다.

1931년, 레온티에프는 4세부터 28세까지 다양한 연령대의 피험자를 대상으로 선천적 기억력(1차 실험)과 정신도구에 매개된 기억력(2차 실험)을 알아보는 실험을 했습니다. 피험자에게 15개의 낱말(연극, 삽, 소원, 행복 등)을 소리 내어 읽어 준 뒤 기억하고 회상하게 하는 실험인데, 1차와 달리 2차에서는 여러 가지 그림 카드*를 제공하여 정신도구로 활용할 수 있게 했습니다. 이 실험의 결과에서 나이가 가장 어린 집단(4~5세)과 가장 많은 집단 (성인)의 회상 능력은 1차 실험과 2차 실험 사이에 차이가 별로 없었습니다. 그 이유는 너무 어린 아동은 정신도구를 활용할 수 없었고, 반대로 성인은 외적 정신도구가 필요치 않았기 때문입 니다. 이 실험에서 유의미한 결과는 7~12세 아동 집단에서 나왔 습니다. 카드를 사용한 2차 실험에서 이들의 회상 결과는 1차에 비해 무려 93%가 늘었습니다(1차 때의 평균은 6.75개, 2차 때는 12.03개). 앞의 두 집단과 달리 이 연령대의 아동들에게는 정신도 구가 기억력을 매개하는 데 중요한 영향을 미친 것입니다.

5년 뒤, 루리아도 5~7세와 11~13세의 쌍둥이 집단을 대상으 로 레온티에프와 비슷한 두 차례의 실험을 했습니다. 두 집단에 는 같은 수의 일란성쌍둥이와 이란성쌍둥이를 배치했습니다. 아 동의 선천적인 기억 역량은 상당 부분 유전에 의해 결정되는데, 형(언니)과 동생 사이의 역량의 유사성 면에서 일란성쌍둥이가 이란성쌍둥이보다 훨씬 높을 것이라는 전제하에서 이렇게 배치 한 겁니다.

1차 실험은 9개의 도형을 보여 준 다음 나중에 34개의 도형 가운데서 그 9개를 찾아내도록 했습니다. 시각적 분별력을 평가 하는 이 실험에서는 정신도구를 사용하지 않기 때문에 아이들의

---

* 그림 카드는 낱말과 직접적으로 관계없는 내용으로 주어졌습니다. 피험자는 낱 말과 그림 사이에 연결 고리를 만드는 나름의 기억술을 고안해야 합니다. 이를 테면, '극장'이라는 낱말을 기억하기 위해 한 아이는 해변에 있는 게 그림을 선 택하고선 "게는 해변에 앉아서 물 밑에 있는 예쁜 돌들을 보고 있습니다. 게에 겐 이게 극장이에요"라고 말했습니다.

기억은 선천적 역량에만 의존합니다. 실험 결과, 두 집단 모두 일란성쌍둥이가 이란성쌍둥이보다 3배 더 유사한 결과를 보였습니다. 한편, 정신도구를 활용하여 주어진 낱말을 회상하는 2차 실험에서는 5~7세 아동 집단과 11~13세 아동 집단 사이에 유의미한 차이가 있었습니다. 5~7세 아동 집단에서는 일란성쌍둥이가 이란성쌍둥이보다 2.3배 더 비슷하게 나타났지만, 11~13세 아동 집단에서는 형(언니)과 동생의 기억 역량의 유사성이 일란성쌍둥이와 이란성쌍둥이 사이에 별 차이가 없었습니다. 5~7세 아동의 정신과정은 선천적 기억력에만 의존하는 단계에 있었지만, 11~13세 아동은 정신도구를 활용할 수 있었기 때문에 이런 결과가 나온 것입니다. 루리아의 실험 결과 또한 "선천적 기억과 달리 고등정신과정으로서의 기억은 유전에 의해 결정되는 게 아니라 매개의 결과"라는 비고츠키의 생각을 입증해 줍니다.

선천적 기억력은 동물과 인간 모두에게 해당되지만, 문화적 산물인 정신도구에 매개된 기억력은 인간에게 고유한 고등정신기능입니다. 비고츠키에 따르면, 선천적 기억력과 고등정신기능 기억력의 발달은 그 기원이 다르며, 상이한 메커니즘과 상이한 발달 법칙을 따릅니다. 비고츠키의 이 언명은 시쳇말로 '머리 나쁜' 아이도 효율적인 교육적 처방을 통해 얼마든지 정신기능이 향상될 수 있음을 일러 주고 있습니다.

이를 입증하기 위해 레온티에프는 앞의 실험에서 선천적 기억력 단계에 있는 4~5세 아동들을 대상으로 낱말을 기억할 때 정신도구(카드)를 활용하는 방법을 가르쳤습니다. 그 뒤 앞의 2차 실험을 다시 실시한 결과, 외적으로 매개된 기억력에서도 상당한 진전이 있었을 뿐만 아니라 내적으로 매개된 기억력도 향상된 것으로 드러났습니다. 이 같은 결과는 "기억력의 발달이 외적으로 매개된 기억력에서 내적으로 매개된 기억력으로 나아간다"는 비고츠키의 주장과 일맥상통합니다.

개인의 정신과정을 돕는 정신도구의 역할에서 '외적 매개'와 '내적 매개'가 어떻게 다른지 궁금하실 것 같습니다. '5+3=8'이라는 연산 문제를 풀 때, 손가락이나 바둑알을 이용하는 것이 외적 매개이고, 암산으로 푸는 것이 내적 매개입니다. 유념할 것은, 1) 내적 매개는 반드시 외적 매개 단계를 거쳐 가능하다는 것, 2) 외적으로 매개된 정신과정의 발달은 내적으로 매개된 정신과정의 발달을 견인하는 것입니다. 비고츠키는 이를 '문화적 발달의 보편 발생법칙the general genetic law of cultural development'이라 명명하면서 다음과 같이 서술했습니다.

아동의 문화적 발달 국면에서 어떠한 기능(정신과정)도 두 차례 혹은 두 차원으로 나타난다. 첫 번째는 사회적 차원에서, 그다음에는 정신적 차원에서 나타난다. 처음, 그 기능은 개인 간 정신적inter-psychological 범주로서 나타난다. 그리고는 아동 내면에서 개인 내 정신적 intra-psychological 범주로 나타난다.Vygotsky, The genesis of higher mental functions. In J. V. Wertsch (Ed.), The concept of activity

in Soviet psychology, 1981: 163

이 한 문단 속에 비고츠키 이론이 압축되어 있다고 해도 지나친 말이 아닐 겁니다. 우선, '문화적 발달의 보편발생'이란 명명부터 낱낱이 뜯어 보겠습니다.

'문화적 발달'에서 문화는 정신도구가 문화적(인공적) 산물인 것과 관계있습니다. '문화적 발달'이란 "정신도구에 매개된 고등정신기능의 발달"이란 의미입니다. 그리고 '보편발생'에서 보편은 모든 경우에 적용되는 법칙이란 의미로서, 비고츠키의 첫 번째 문장에서 "어떠한(기능도)"이라는 표현이 이를 말합니다. '발생genetic'이란 용어는 비고츠키 문헌에서 자주 언급되는데, 이 낱말은 '발달적developmental'과 같은 의미입니다. 위의 글에서는 '나타난다appear'라는 표현이 발생과 관계있습니다.

문화적 발달의 보편발생법칙

어떠한 정신기능도 두 단계, 두 차원을 걸쳐 이루어짐

개인 간(inter-)	개인 내(intra-)
외재화 ; 사회적	내면화 : 개인적
매개	자기화

위의 사진은 비고츠키의 원문의 내용을 압축해서 나타낸 PPT

슬라이드 화면입니다. "어떠한 정신기능도 두 단계, 두 차례를 거치며 이루어진다"라는 비고츠키의 말은 사진에서 왼쪽 열의 속성들이 오른쪽 열의 속성들로 옮아가는 것을 의미합니다.

1열의 (개인 간, 개인 내)는 "개인 간 정신적 범주에서 개인 내 정신적 범주로 발전해 간다"라는 문장을 축약했습니다. 성인의 머릿속에 있는 정신도구의 사용법이 성인의 매개를 통해 아동의 머릿속으로 전달된다는 뜻이겠죠. 비고츠키에 따르면, 아동이 정신도구를 처음 접할 때 자기 혼자의 힘으로 그 사용법을 터득하는 것이 아니라, 반드시 성인의 도움(매개)을 통해서만 그렇게 됩니다. 이러한 비고츠키의 관점은 피아제와 현격한 대조를 보입니다. 아동이 독자적인 탐구 결과로 새로운 정신과정을 발전시킨다고 본 피아제와 달리, 비고츠키는 인류 문화의 산물인 정신도구는 문화의 대리인이 아동에게 가르침으로써 익힐 수 있다고 주장했습니다.Karpov, 앞의 책, p. 31

2열의 (외재화/사회적, 내면화/개인적)에서 (외재화, 내면화)의 대립쌍에 주목하시기 바랍니다. 외재화exteriorization는 바깥으로 드러내 눈에 보이게 하는 것을 말합니다. 비고츠키는 모든 정신도구는 아동에게 외적인 형태로 제시되어야 한다고 했습니다. 성인*이 아동에게 정신도구의 사용을 시범 보이고 아동이 이를 따라 하면서 자신의 정신 속에 내면화됩니다. 비고츠키는 '외적인

---

* 매개가 꼭 성인에 의해서만 이루어지는 것은 아닙니다. 일상 속에서 아이들은 또래를 통해 더 많이 배웁니다. 이 글에서는 매개가 이루어지는 전형적인 관계로서 성인-아동을 일컬었습니다.

external'이란 말을 '사회적social'과 동의어로 간주했습니다. 정리하면, (외재화, 내면화), (사회적, 개인적), (개인 간, 개인 내) 이 세 대립쌍은 서로 조응합니다.

3열은, 왼쪽 활동과 오른쪽 활동의 성격을 한 낱말로 규정하면 (매개, 자기화)가 됩니다. 유념할 것은 왼쪽의 매개, 즉 개인 간에 이루어지는 매개는 성인에 의한 매개로 '교수instruction'의 의미입니다. 개인 내에서도 정신도구에 매개된 행위가 일어나니, 앞서 살펴본 외적 매개와 내적 매개입니다. 아동이 성인으로부터 배운 정신도구의 이용 방법을 내면화internalization하여 자기 스스로 이 도구를 능수능란하게 활용하게 될 때 자기화appropriation가 이루어진 겁니다.

아동의 지적 발달에 관한 비고츠키의 테제와 이를 입증하는 레온티에프와 루리아의 실험 결과는 훈련을 통해 타고난 정신과정의 한계를 극복할 수 있다는 점에서 '교육의 가능성'을 일깨워 줍니다. 개인적으로, 제 교직 삶에서 비고츠키를 알고 난 뒤 학습 부진아를 바라보는 관점과 교수법에 일대 혁신이 이루어졌다고 말하겠습니다. 예전에는 부진아를 지도할 때 몇 번 시도하다 안 통하는 것을 보고 답답해하거나 '얘는 안 되겠다!'는 생각으로 포기하는 일이 많았습니다. 비고츠키를 알고 나니 그건 아이의 문제가 아니라 나의 문제였습니다.

3학년 과정에서 아이들에게 가장 어려운 공부 가운데 하나가 '나눗셈'입니다. 나눗셈 연산을 처음 접하는 아이들은 주어진 문

2×1 = 2	3×1 = 3	4×1 = 4	5×1 = 5
2×2 = 4	3×2 = 6	4×2 = 8	5×2 = 10
2×3 = 6	3×3 = 9	4×3 = 12	5×3 = 15
2×4 = 8	3×4 = 12	4×4 = 16	5×4 = 20
2×5 = 10	3×5 = 15	4×5 = 20	5×5 = 25
2×6 = 12	3×6 = 18	4×6 = 24	5×6 = 30
2×7 = 14	3×7 = 21	4×7 = 28	5×7 = 35
2×8 = 16	3×8 = 24	4×8 = 32	5×8 = 40
2×9 = 18	3×9 = 27	4×9 = 36	5×9 = 45
6×1 = 6	7×1 = 7	8×1 = 8	9×1 = 9
6×2 = 12	7×2 = 14	8×2 = 16	9×2 = 18
6×3 = 18	7×3 = 21	8×3 = 24	9×3 = 27
6×4 = 24	7×4 = 28	8×4 = 32	9×4 = 36
6×5 = 30	7×5 = 35	8×5 = 40	9×5 = 45
6×6 = 36	7×6 = 42	8×6 = 48	9×6 = 54
6×7 = 42	7×7 = 49	8×7 = 56	9×7 = 63
6×8 = 48	7×8 = 56	8×8 = 64	9×8 = 72
6×9 = 54	7×9 = 63	8×9 = 72	9×9 = 81

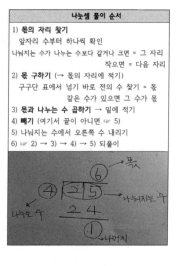

나눗셈 풀이 순서

1) 몫의 자리 찾기
앞자리 수부터 하나씩 확인
나눠지는 수가 나누는 수보다 같거나 크면 = 그 자리
　　　　　　　　　　　작으면 = 다음 자리
2) 몫 구하기 (→ 몫의 자리에 적기)
구구단 표에서 넘기 바로 전의 수 찾기 = 몫
같은 수가 있으면 그 수가 몫
3) **몫과 나누는 수 곱하기** → 밑에 적기
4) **빼기** (여기서 끝이 아니면 ☞ 5)
5) 나눠지는 수에서 오른쪽 수 내리기
6) ☞ 2) → 3) → 4) → 5) 되풀이

제 앞에서 무엇을 어떻게 해야 할지 무척 난감해합니다. 그런데 요즘 수학 교육과정은 '미래 핵심역량' 운운하면서 연산 문제 풀이는 비중 있게 다루지 않기 때문에 기초학습 부진 학생이 속출되는 폐단이 있습니다. 특히 3학년 2학기에 나오는 나눗셈 영역에서 부진 학습자가 많이 생겨납니다. 제가 비고츠키를 알기 전에는 안타까워하면서도 이런 아이들을 포기했습니다. 지금은 사진과 같은 정신도구를 안내함으로써 웬만한 아이들은 부진의 늪에서 구제할 수 있게 되었습니다. 정신도구는 최대한 간략한 형태로 제시되어야 합니다. 글말로 설명이 부족한 부분은 교사의 입말로 보완해 줍니다. 그러면 아이들은 몇 번의 시행착오를 겪겠지만 이 정신도구에 매개되어 성공적인 학습을 해갈 수 있습니다.

"인간의 기억력이 선천적 기억력에서 외적으로 매개된 기억력을 거쳐 내적으로 매개된 기억력으로 발전해 간다"라는 비고츠키의 메시지는 선천적 인지 역량이 미흡해서 공부에 자신감을 갖지 못하는 학생이나 그런 학생을 가르치는 교사에게 축복이 아닐 수 없습니다. 어떠한 발달 단계에 있는 아동도 근접발달영역ZPD에 맞는 적절한 정신도구를 제공하면 학습 부진의 문제를 대부분 해결할 수 있습니다. 사실, 가르친다는 것은 교사가 학생에게 적절한 정신도구를 제공하고 그 이용 방법을 매개해 주는 것을 뜻하는 게 아닐까 싶습니다.

인간 의식의 소우주

인간은 도구의 발명에 힘입어 원시 상태에서 벗어나 문명의 길을 갈 수 있었는데, 기술도구가 물질적 삶을 발전시켰듯이 정신도구는 정신과정을 발전시켜 왔다는 가정에서 비고츠키의 이론이 출발했다고 했습니다. 그리고 그 고갱이를 이루는 것이 정신도구였죠. 인간이 발명한 수많은 정신도구 가운데 으뜸은 말할 것도 없이 언어입니다. 관련하여, 비고츠키는 다음과 같은 멋진 문장을 남겼습니다. 하나의 낱말은 인간 의식의 소우주다A word is microcosm of human consciousness.

비고츠키의 가장 중요한 저작 『생각과 말』에 나오는 말인데, 저는 맨 처음 이 문장을 접하는 순간 소름이 돋았습니다. 이 심오한 한 문장이 비고츠키라는 사상가의 정신세계의 깊이를 대변하지 않나 생각합니다. 이 문장의 깊은 뜻을 더 정확히 이해하기 위해 이 말이 나오는 문단 전체를 소개하겠습니다.

> 태양이 물방울에 투영되듯이 의식은 낱말에 투영된다.
> 하나의 세포가 전체 유기체와 연관을 맺고 원자가 우주
> 와 연관을 맺듯이, 낱말은 의식과 연관을 맺는다. 하나
> 의 낱말은 인간 의식의 소우주다.

"이슬 속에 우주가 있다"라는 말이 있죠. 어떤 작은 한 부분이 전체의 본질적인 성격을 표상하는 경우가 있습니다. "하나의 낱말은 인간 의식의 소우주"라는 말은 개인이 구사하는 낱말은 그 사람의 정신세계의 깊이를 말해 준다는 뜻으로 이해하면 되겠습니다.

인간 의식을 발전시키는 정신도구로서 언어의 중요성에 관해서는 다른 사상가들도 명언을 남겼습니다. 하이데거는 "언어는 존재의 집이다"라고 했고, 비트겐슈타인은 "내 언어의 한계가 내 세계의 한계다"라고 했습니다. 실존주의 철학자 하이데거가 말하는 존재는 인간 존재를 말합니다. 비고츠키를 위시해서 하이데거와 비트겐슈타인의 말들은 모두 같은 의미로서 인간의 의식 발전은 그가 구사하는 언어의 수준에 말미암는다는 뜻을 함의하고 있습니다.

한편, 언어가 의식의 발달에 미치는 영향에 대해서도 비고츠키와 피아제가 상반된 견해를 제시하는 것이 또 눈길을 끕니다. 인간 사고의 발달에서 언어가 절대적으로 중요하다고 본 비고츠키와 달리, 피아제는 사고 발달에 미치는 언어의 영향력을 무시했습니다. 피아제는 언어를 사고 발달의 원천이 아닌 부산물로 봤습니다. 어린아이가 구사하는 언어는 현재 그 아이의 인지 발달 단계를 반영해 주는 것에 불과하며, 인지 발달에는 영향을 미치지 못한다고 보았습니다.E. Bodrova·D. Leong, 『정신의 도구』, 박은혜·신은수 옮김, 이화여자대학교출판부, 2013, pp. 71-72; 초등국어교사용지도서, 2022, p. 19

비고츠키의 난해한 저서 『생각과 말』의 첫 문단은 "이 책은 실험심리학의 가장 복잡하고 어려운 문제 중의 하나인 생각과 말의 문제를 다룬다"라는 말로 시작합니다. 이 위대한 사상가가 생각과 말(사고와 언어)이 서로 어떤 관계에 있는가 하는 문제를 규명하기 아주 오래전인 고대 그리스 시대부터 시작해서 비고츠키와 동시대의 심리학자들까지 많은 사상가들이 이 문제를 다루었습니다. 이들이 생각하는 생각과 말의 관계는 간단히, '생각은 말에서 소리를 뺀 것'이라거나 '생각과 말은 같은 것'이라는 식이었습니다. 얼핏 그럴듯해 보이지만, 조금만 생각해 보면 이 같은 관점은 잘못임을 알 수 있습니다. 만약 생각과 말이 같은 것이라면, 우리의 생각을 모두 말로 자유롭게 풀어낼 수 있어야 합니다. 하지만 실상은 어린아이는 물론 어른들도 뭔가 생각은 있는데 말로 설명하기는 어려운 난관에 처할 때가 많습니다. 그리고 아직 말을 배우지 못한 유아도 어떤 생각을 품을 수는 있으므로 생각과 말은 같은 출발선상에 있지 않습니다.

말　　　생각
생각과 말의 이중나선구조

비고츠키는 생각과 말의 뿌리가 다르다는 혁신적인 아이디어에서 출발하여 생각과 말의 역동적인 발달 과정을 규명해 냈습니다. 위의 그림은 마르크스주의-비고츠키주의 학자 앤디 블런던이 생각과 말의 관계에 관한 비고츠키의 설명을 도식화한 것입니다.C. Ratner et al., 앞의 책, p. 257 블런던이 '생각과 말의 이중나선구조'라 이름 지은 것에서 보듯, 생각과 말은 처음에 서로 다른 뿌리에서 출발하여 접합과 분리를 거듭하며 각각 발달해 갑니다. 생각과 말이 맨 처음 만나는 시기는 2~3세입니다. 이때 유아의 언어구사력은 폭발적으로 발전하는데 그 동력은 사고의 발달에 기인합니다. 반대로, 언어 능력의 발전에 힘입어 유아의 사고력 또한 엄청난 성장을 이룹니다. 이처럼 언어와 사고는 각기 다른 발달 경로를 밟지만 서로가 서로의 발전에 영향을 미치는 변증법적 관계에 있다는 것이 비고츠키의 천재적인 발견이라 하겠습니다.

언어가 아동의 인지 발달에 영향을 미치지 않는다는 피아제의 생각은 상식적으로도 도무지 납득할 수 없습니다. 반면에 언어가 사고 발달에 절대적으로 중요한 영향을 미친다는 비고츠키의 관점은 상식 그 자체라 하겠는데, 비고츠키는 이 상식을 넘어 더욱 정교한 통찰을 담은 개념을 제공했습니다. 언어와 사고가 만나면 언어는 지성적인 면모를 띠고 사고는 언어적이 되는데, 비고츠키는 이 상태를 '언어적 사고verbal thought'라 일컬었습니다. "언어가 지성적이 된다"라고 함은 어떤 낱말에 대한 개념을 갖게 된 상태를 말합니다. 아동이 어떤 낱말을 개념 없이 엉뚱하게 구사하는 경우는 아직 언어적 사고에 도달하지 못한 것입니다. '사고가 언어적이 된다'는 것은 그 낱말에 대한 개념을 품게 되면서 그것과 관련한 자신의 생각을 말 또는 글로 풀어낼 수 있게 된 것을 뜻합니다.

언어라는 정신도구에 힘입어 사고가 발전하는 '언어적 사고'에 이르면 아동의 의식 세계에선 새로운 지평이 열립니다. 이때 그 언어(낱말)는 인간 의식의 소우주로 기능합니다. 아동이 습득하는 낱말 가운데 지적으로나 정서적으로 소우주의 깊이와 폭을 한층 심화하는 것들이 있습니다. 편의상 이 낱말들을 '개념어'라 일컫겠습니다. 개념어들에 대한 아동의 의식이 '언어적 사고' 단계에 이르도록 교사는 특단의 교수법을 강구할 필요가 있습니다. 향후 다른 글에서도 거듭 언급하겠지만, 이 개념어들을 정신도구로 삼아 교사는 학생들의 지적 성장과 정서적 성장을 매개하여 더 나은 수업, 덜 스트레스 받는 교사-학생 관계를 꾸려 갈 수 있습니다.

개념어에 대한 언어적 사고가 이루어지기 위해서는, 일단 개념어들을 아이들이 자주 접하게 합니다. 이런 취지로 제가 고안한 나름의 교수법이 '개념어

노출'입니다. 아이들의 지적 성장이나 행동 수정에 있어 정신도구로 요긴하게 쓰일 30여 개의 낱말(개념어)을 코팅하여 낱말 카드를 만든 뒤 몇 개씩 칠판 오른쪽에 붙여 놓고 수시로 의미를 각인시킵니다. 그 낱말 가운데 이 글에서 설명할 2개의 낱말을 사진에 담았습니다.

인과관계

색연필이나 연필을 사용하다가 심이 부러져서 바닥에 떨어질 때 그것을 방치해서 교실 바닥이 지저분해지는 경우가 많습니다. 초등 교실은 물론이고 중등학교에서도 흔히 볼 수 있을 것 같습니다. 연필이나 색연필 심은 눈에 잘 보이지 않기 때문에 떨어뜨린 사람이 바로 줍지 않으면 다른 누군가가 그것을 밟거나 의자 밑에 숨어들어 의자를 끄는 과정에서 바닥이 엉망진창이 됩니다. 그로 인해 교사와 학생집단이 받는 스트레스도 엄청나죠. 이른바 기본 생활 습관의 문제인데, 저학년 교실에서 이런 행태를 보이는 아이들의 공통점이 있습니다. 정신과정이 박약한 아이들입니다. 이 아이들은 자신의 행위가 가져올 결과에 대한 분별력을 지니고 있지 못합니다. 이 아이들의 의식 속에는 어떤 개념이 자리하고 있지 않은 겁니다. '인과관계'라는 이름의 개념입니다.

'인과관계'라는 낱말은 "내가 어떤 행동을 하면 이러저러한 결과가 빚어진다"는 내용의 개념이 압축된 형태의 기호로 제시된 것입니다. 즉, 낱말은 개념을 표상하는 겁니다. 이러저러한 긴 내용을 지닌 개념에 비해 그것을 표상하는 낱말은 인간의 의식 속에 자리하기 쉬운 이점이 있습니다. 피아제는 아동의 어휘력을 개념이 형성된 뒤에 생겨나는 부산물로 봤지만, 비고츠키에 따르면 낱말이 개념 형성을 견인합니다. 따라서 교사가 의도적으로 '인과관계'라는 개념어를 자주 노출시키고 교실 생활에서 이 개념을 적용할 상황이 발생할 때마다 그 의미를 짚어 주면 정신과정이 낮은 아동의 의식 속에도 인과관계라는 소우주가 자리하게 됩니다. 그럴 경우 교실공동체에 불쾌감과 혼란 그리고 분열을 가져오는 이 일탈 행위는 줄어듭니다.

차선

숙제 검사를 하는데 평소 숙제를 잘해 오는 예진이가 "샘, 어제 제가 깜빡하고 수학 책을 챙기지 않아서 숙제를 못 했어요. 죄송해유^^"라고 합니다. 이때 제시하는 낱말카드가 '차선'입니다. 우리 반에서 이 낱말 뜻을 아는 아이가 한 명도 없었습니다. 차선은 최선이라는 개념과 연관 지어 설명하면 쉽게 이해합니다. '차선'이라는 선택지가 왜 중요한지 교통사고를 들어 설명해 줍니다. 사람이 사고를 당하면 누구나 당황하는 것, 당황하는 탓에 2차 사고로 이어져 사망을 비롯한 더 큰 피해를 본다는 것, 교통사고는 나지 않는 게 최선이지만 만약 나게 되면 더 큰 피해를 줄이기 위해 2차 사고가 안 나도록 차선의 노력을 기울여야 한다는 것을 말해 줍니다. 나아가, 예진이가 수학 책이 없는 것을 알았을 때

난감했을 것 같은데, 그럴 때는 그냥 포기하지 말고 친구에게 카톡으로 교과서 문제 사진을 찍어 보내 달라고 한 다음 공책에 문제를 풀어 숙제를 하는 '차선책'을 생각할 수 있었다는 충고를 합니다.

'차선'이라는 그리 어렵지 않은 낱말을 아무도 모르는 것은 아이들이 삶 속에서 이 말을 만난 적이 없고 따라서 사용한 적도 없음을 말해 줍니다. 정신과정의 발달 단계상 초등학생들은 '이것 아니면 저것'이란 식의 이분법적 사고를 잘 못 벗어납니다. 선악의 문제에서 선하지 않은 것은 곧 악이라 생각하는 거죠. 예진이도, 숙제거리를 못 챙겨 왔으니 숙제를 못 한다고만 판단한 겁니다. 따라서 '차선'이라는 의식의 소우주에 힘입어 아이들은 대안적인 무엇을 모색하는 사고의 유연성을 품게 됩니다. 비트겐슈타인의 "내 언어의 한계가 내 세계의 한계"라는 말은 다시 말해 언어의 한계를 극복하면 삶의 한계도 넘을 수 있음을 뜻합니다. 하나의 낱말이 인간 의식의 소우주로서 의의를 지니는 것은 그 새로운 낱말로 인해 아이들의 삶의 지평이 확장되기 때문입니다.

자기조절-타인조절

2017년, B초로 옮긴 첫해에 3학년 담임을 맡았습니다. 2003년에 3학년을 담임한 뒤로 아주 오랜만에 다시 맡게 되었는데, 아이들과의 교실살이에서 무척 애를 먹었습니다. 3학년답게 장난과 다툼이 무척 심했습니다. 처음엔 적이 별난 아이들을 잘못 만났다 싶었습니다. 하지만 이것은 아이들의 인성과 결부된 문제는 아니었습니다. 이 아이들이 교사를 힘들게 하는 요체는 무지에 기인했습니다.

처음 한 달 정도는 이 사실을 몰랐습니다. 그러던 어느 날 점심 먹고 5교시 수업 시작할 때였습니다. 수업 시작종이 친 뒤 몇 분이 흘렀는데도 아이들이 계속 왁자지껄 떠들면서 도무지 공부할 생각을 하지 않는 것이었습니다. 내가 바빠서 다른 일에 정신 팔려있는 것도 아니고 계속 자기네를 주시하고 있음에도 전혀 아랑곳없이 떠드는 것이 기도 안 찼습니다. 개중에는 심상치 않은 분위기를 파악하고서 민망한 표정으로 제 눈치를 살피는 아이들도 있었지만, 대세는 여전히 혼란스러운 상황을 즐기는 편이었습니다. 대관절 이런 상황이 언제까지 지속될 것인지 계속 지켜보고 싶었지만, 수업 시작 후 10분이 흐르도록 자정自淨의 기미가 보이지 않아 결국 제가 나서서 분위기를 수습했습니다.

이 해프닝은 제가 초3이라는 신인류('호모초삼사피엔스'라 명명하겠습니다)*를 이해하는 중요한 계기가 되었습니다. 수업 종이 쳤고 또 교사가 뻔히 보고 있는 상황에서도 계속 와자지껄 떠들어대는 아이들의 행태는 분명 심각한 일탈로 볼 수 있습니다. 저도 예전 같았으면 '이런 버르장머리 없는 녀석들이 다 있나?' 하는 생각으로 불호령을 내렸을 것입니다. 하지만 인내심을 갖고 오랜 시간 지켜본바, 교사를 당혹스럽게 만든 아이들 행위의 기저에 어떤 악의는 없어 보였습니다.

교사가 마음만 먹으면 이런 혼란스러운 상황을 일순간에 정리할 수 있습니다. 이를테면, 교사 책상 위에 있는 차임벨을 치거나 "박수 세 번!" 같은 시그널로 주의를 집중시키고서 수업을 시작할 수 있습니다. 아이들도 교사의 이런 신호를 기다렸을지 모르겠지만, 저는 그게 더 심각한 문제라 생각합니다. 수업 시작 시간이 10분이나 지났음에도 교사가 어떤 신호를 줄 때까지 교실이 난장판으로 흘러도 불편을 못 느낀다는 것은, 아이들에게 최소한의 사리분별력이 없거나 아니면 그 분별력이 오직 교사의 신호에 따라 수동적으로만 작동한다는 뜻이기 때문입니다.

비고츠키는 유기체의 정신기능을 하등정신기능lower psychological function과 고등정신기능higher psychological function

---

* 저는 지금껏 1학년 담임을 한 번도 한 적이 없고 2학년도 2006년에 딱 한 번 맡은 게 전부입니다. 그래서 저학년 교실 상황에 대해 무지한 편인데, 3학년 교실이 이러니 1~2학년은 오죽할까 싶습니다. 아울러 지금 맡고 있는 5학년 아이들도 '신인류'이긴 마찬가지입니다. 따라서 지금 이 글에서 논하는 문제 인식이나 문제 해결을 위한 전략은 초등 전체 교실에 적용될 수 있을 것으로 봅니다.

으로 구분했습니다. 하등정신기능은 동물과 인간 모두에게 있는 것이고 고등정신기능은 인간에게만 있습니다. 하등정신기능과 고등정신기능은 몇 가지 측면에서 차이를 보이는데, 아동 발달과 관련하여 비고츠키가 가장 중요하게 생각한 것이 주의집중 형태입니다. 동물이나 낮은 수준의 정신발달 단계에 있는 아동은 반응적 주의집중reactive attention을 보이는데, 이는 외부의 환경적 자극에 영향을 받는 주의집중입니다. 수업 중에 교실에 나비 한 마리가 날아들 때 아이들의 주의력이 교사의 설명이 아닌 나비에게로 집중되는 경우가 반응적 주의집중입니다. 반면, 그런 돌발 사태에 휩쓸리지 않고 꿋꿋하게 교사의 설명에 귀 기울이는 경우를 자발적 주의집중voluntary attention이라 합니다.

반응적 주의집중을 보이는 아이는 외부 자극에 지배를 받는 반면, 자발적 주의집중력을 지닌 아이는 자기 정신과정의 주인입니다. 전자와 후자는 각각 하등정신기능과 고등정신기능의 소유자로 구별됩니다. 양자의 차이는 그대로 아이들 그릇의 차이로 환원된다고 봐도 좋을 겁니다. 낮은 발달 수준의 주의력을 지닌 아이들은 학습 능력이 낮은 것은 물론, 주의가 산만하고 타인에 대한 공감 능력이 부족하여 이런저런 말썽을 일으킬 가능성이 큽니다. 앞서 언급한 그해의 호모초삼사피엔스들이 그러했습니다. 다시 말하지만 제가 힘들었던 것은 아이들의 인성 탓이 아니라 정신과정의 발달 수준 탓이었습니다.

학생의 건강한 성장과 교실의 행복을 위해 교사는 아이들이 자기 정신과정의 주인이 되게끔 인도해야 합니다. 이런 면에서 위와 같은 혼란 상황에서 교사가 차임벨을 쳐서 주의를 집중시키는 것은 바람직하지 않습니다. 아이들 스스로 주의집중을 하게 해야 합니다. 물론 호모초삼사피엔스에게 이 일은 쉽지 않습니다. 하지만 또래 집단 내에서 고등정신기능, 즉 자발적 주의집중력을 지닌 아이들이 그렇지 않은 아이들을 매개하여 학급 전체의 분위기를 쉽게 환기시킬 수 있습니다. 비고츠키는 정신기능이 개인 사이에 공유될 수 있다 했는데, 여기서 파생되는 개념이 자기조절self-regulation과 타인조절other-regulation입니다. 이 개념을 활용하여 제 교실살이에서 나름 효율적으로 실천한 사례를 소개하겠습니다.

먼저, 조금 전의 교실 상황의 심각성에 대한 문제의식을 나눕니다. 그리고 교사와 학생이 즐겁게 가르치고 배우는 행복한 교실을 만들기 위한 덕목으로서 자기조절의 중요성을 각인시킵니다. 그런 다음, '자기조절'과 '타인조절'이라는 개념어가 적힌 낱말 카드를 아이들 눈에 잘 띄는 교실 전면에 붙여 놓고 아이들에게 이 개념을 가르칩니다. 아이들의 눈높이에서, 문자 그대로 '자기 스스로를 조절하기'와 '다른 친구를 조절해 주기' 정도로 설명하면 쉽게 이해합니다. 그리고 수업 상황에서 누구든 교실 분위기에 문제의식을 품은 사람이 반 친구들 향해 "자기조절 합시다!"라고 외치면, 다른 친구들은 이 외침이 끝남과 동시에 손뼉을 두 번 치며 화답하면서 흐트러진 수업 분위기를 바로잡는다는 내용의 약속을 합니다. 이 외침과 반응의 리듬 구조는 '박수 세 번'과 같습니다. 즉, "박수 세 번-짝짝짝"처럼 "자기조절 합시다-짝짝"의 형식입니다.

리듬 구조는 '박수 세 번!'과 같지만, '자기조절 합시다!'는 교육적 의의 면에서 중대한 차이가 있습니다. '박수 세 번'을 통한 주의집중은 교사에 의한 조절이지만, '자기조절 합시다'는 또래에 의한 조절입니다. 둘 다 타인에 의한 조절이긴 마찬가지지만, 수직적 관계와 수평적 관계에 있는 타인이라는 점에서 양자는 큰 차이가 있습니다. 수직적 관계에서는 모든 아이가 교사의 조절에 수동적으로 반응할 뿐이지만, 수평적 관계에서는 아이들에게 자율성이 부여되기 때문에 서로서로 적극적으로 조절해 갑니다. 처음에는 정신과정이 발달한 아이들이 그렇지 않은 아이들을 조절하지만, 나중에는 모두가 모두를 향한 타인조절이 이루어집니다. 아이들 특유의 인정욕구에 추동되어 서로 먼저 "자기조절 합시다!"를 외치려는 통에 교사가 입 댈 일이 없을 정도로 수업 분위기의 환기가 잘 이루어집니다. 물론, 이것으로 호모초삼사피엔스의 자기조절 역량이 전반적으로 발전되었다고 볼 수는 없습니다. 하지만 처음에는 교사가 빤히 쳐다보는 상황에서도 마구 떠들어대던 아이들이 자기 정신과정의 주인이 되어 적극적으로 집단의 주의집중을 주도해 가는 모습은 분명 의미 있는 발전이라 하겠습니다.

자기조절은 인간 정신의 발달에서 가장 중요하고 어려운 과업입니다. 자신의 감정이나 의지를 스스로 조절하려면 우선 무엇이 문제인지에 대한 인식이 요구됩니다. 이는 자신을 들여다보는 메타인지 능력이 요구되기 때문에 아동은 물론 성인에게도 어려운 것입니다. 다행히 인간은 자기 눈에 든 들보는 보지 못하지만 남의 눈에 든 티끌은 잘 볼 수 있기 때문에, 자기조절은 못 해도 타인조절은 잘합니다. 교육적으로 중요한 점은, 타인조절이 자기조절로 향하는 중요한 경로로 작용하는 것입니다.

타인조절이 자기조절로 연결되는 이치를 학습 상황에서 유용하게 활용할 수 있습니다. 이를테면, 받아쓰기 테스트를 한 뒤에 급우가 쓴 문장 가운데 맞춤법이 잘못된 것을 찾아 바르게 고쳐 보라고 하면 의외로 많은 아이가 과업을 잘 수행합니다. 놀라운 것은 급우의 오류를 바로잡아 주는 아이가 평소에 자신도 똑같은 오류를 범하는 점입니다. 더 놀라운 것은 급우의 오류를 바로잡아 준 뒤로 자신의 오류도 바로잡아 가는 것입니다.

옛날 우리 조상들은 마을을 지키는 수호신으로 천하대장군과 지하대장군이라는 장승을 마을 입구에 세워 놓았습니다. 우리 교실에도 학생의 성장을 돕고 학급의 행복을 지켜 주는 수호신으로 자기조절과 타인조절이라는 상징물이 있습니다. 이 매개체를 붙여 놓은 뒤로 호모초삼사피엔스들이 보다 인간다운 모습으로 발전했고 나의 교실살이도 덜 힘들어졌습니다.

앞에서 산만해진 수업 분위기를 바로잡을 때 타인조절 매개체가 효율적이라 했죠. 그에 비해 자기조절 매개체는 이를테면, 교사가 다른 친구와 소통하고 있는 상황에서 불쑥 끼어들어 자기 말을 던지거나 하는 아이들의 행동 교정에 유익하게 쓰입니다. 이런 상황에서 교사는 미리 그 아이를 향해 눈짓으로 '자기조절'이라는 그림 카드를 가리키면, 아이가 "아, 맞다!" 하면서 자기조절을 꾀합니다. 이 매개체, 아니 수호신에 힘입어 아이들도 좀 더 성숙해지고 교사도 스트레스를 덜 받으면서 교실공동체의 행복을 지켜 갈 수 있습니다.

| 2부 |

교실살이의 실제

1. 잘 가르치기

좋은 수업을 위한 교사의 가장 중요한 자질

교사의 본분이 수업이라 할 때, 훌륭한 수업자가 되기 위해 교사가 갖추어야 할 가장 중요한 자질이 무엇일까요? 우리가 어떻게 수업할 때 좋은 수업으로 평가받을 수 있을까요? 이 물음에 대한 답을 찾기 위해 수업을 두 가지 구성 요소로 나누어 접근해 보겠습니다.

흔히 수업을 예술에 비유하곤 하죠. 예술 작품의 됨됨이는 내용content과 형식form이라는 두 요소의 통일로 나타납니다. 회화든 조소든, 영화든 연극이든, 음악이든 춤이든 모든 예술 활동은 내용미와 형식미가 조화를 이루며 관객에게 감동과 미적 희열을 안겨 줍니다. 여기서 내용과 형식 가운데 어느 것이 더 중요할까요? 회화나 조소처럼 정적인 예술에서는 내용 못지않게 형식도 중요하겠지만 대부분의 예술 활동에선 내용미가 절대적으로 중요합니다. 뚝배기보다 장맛인 거죠.

교사의 수업에서 형식에 해당하는 것은 수업 모형이나 수업 전개 방식이고, 그 밖의 교수학습 과정 전체는 내용에 해당한다고 볼 수 있겠습니다. 요컨대, 수업의 테크닉은 형식에 속하고 교과에 대한 교사의 지식은 내용을 구성합니다. 그렇다면 수업의 형식과 내용 가운데 뭐가 더 중요할까요? 여기서도 당연히 내용이 절대적으로 중요합니다. 내용은 영어로 콘텐츠contents입니다. 교사의 머릿속에 들어 있는 교과 관련 콘텐츠가 빈곤한데 수업을 잘할 수 있다는 것은 어불성설이죠. 뚝배기보다 장맛이기 때문입니다.

그런데 우리 교육 현장에서는 장맛보다 뚝배기로 수업 잘하고 못하고를 판단하는 어처구니없는 풍조가 만연해 있습니다. 이런 언어도단의 형국이 빚어지는 이유는 교사의 수업 평가가 일회성 공개 수업을 통해 이루어지기 때문입니다. 보편적인 수업의 질을 좌우하는 교과에 대한 교사의 총체적인 역량은 일회성 수업에서 드러나지 않기 때문에, 여기서는 겉으로 드러나는 무엇에 충실해야 합니다. 도입부에서 학생들의 흥미와 동기를 유발하는 적절한 자료를 제시하고 수업 목표를 각인시킨 다음 수업의 기승전결을 매끄럽게 끌고 갈 때 좋은 수업으로 평가받습니다. 이 한두 차례의 수업에서는 빈곤한 교과 역량의 소유자도 수업의 형식은 물론 내용까지 근사하게 가져갈 수 있습니다. 사전에 준비를 많이 하기 때문입니다. 하지만 이것은 수업 참관자를 위한 것이지 학생들을 위한 것은 아닙니다. 이는 학생에 대한 기만이고 위선입니다. 하지만 수업자가 수업 전문가인 심사자를 속일 수는 있어도 학생을 속이지는 못합니다. 학생들은 1년 동안 수업을 참관할 것이기에 교사의 수업 역량을 정확히 알 수 있기 때문입니다.

초등에 영어가 정규교과로 들어온 지 얼마 되지 않은 무렵이었으니 2000년쯤이었을 것 같습니다. 영어 담당 교사들의 수업 역량을 제고할 목적으로 교육청에서 영어 수업 잘하는 교사를 지정하여 수업 공개회를 열었습니다. 수업자는 제 대학 동기였는데, 영어 실력이 그리 뛰어나지 않은 친구가 관내 교사들 앞에서 시범 수업을 하는 게 뜻밖이다 싶었습니다. 그래도 수업은 매끄럽게 진행되었는데 도중에 돌발 사태가 벌어지면서 사달이 났습니다. 시청각 자료를 이용하기 위해 TV 화면을 켜는데 작동이 되지 않아 우왕좌왕하는 사이에 한 아이가 "선생님, '고장 났다'를 영어로 어떻게 말해요?"라고 물은 것입니다. 지금 젊은 교사들에게 이 정도야 별거 아닌 질문이겠지만, 그 당시 우리 동기들 수준에선 교사를 난처하게 하는 질문이었습니다. "It's out of order. / It's not working."을 떠올리지 못해 난감해하던 그 친구의 표정이나 수업 관찰자 모두가 민망해했던 당시의 상황이 지금도 기억에 생생합니다.

긴장된 상황에서 예기치 못한 질문에 답하지 못했다고 해서 교사의 무능을 예단할 순 없습니다. 학생이 던지는 모든 질문에 시원스러운 답변을 주는 교사는 없습니다. 하지만 학생들은 자기네가 던지는 질문에 대해 반응하는 것을 보면서 교사를 평가합니다. 악의적으로 교사를 테스트한다는 말이 아닙니다. 진지한 배움의 장이라면 학습자 입장에선 질문이 나오는 것이 당연한 법입니다. 첨에 한두 번 질문을 던졌을 때 교사가 시원스레 답변을 하면 아이들은 다음 수업 때도 계속 질문을 할 것입니다. 이것은 아이들이 교사를 신뢰한다는 뜻입니다. 이런 교사가 어떤 질문에 즉답을 주지 못하고 "내가 연구해서 다음 시간에 가르쳐 줄게"라고 해도 학생들은 교사에 대한 신뢰를 거두지 않습니다. 반면, 질문을 귀찮아하고 별 만족스러운 답을 주지 않는 교사에겐 학생들도 더 이상 질문을 안 합니다. 질문도 하지 않고 신뢰도 하지 않는 겁니다.

나는 좋은 수업, 성공적인 수업의 기준이 학생의 질문에 달려 있다고 생각합니다. 질문이 없는 수업은 수업이 아닙니다. 질문은 무엇을 모르는 사람이 하는 것이 아니라 아는 사람이 합니다. 교사의 가르침(교수)에서 학생의 배움(학습)이 일어났다면 반드시 질문이 나오게 되어 있습니다. 학생들이 교사에게 어떤 질문을 할지는 예측 불가능합니다. 예측 불가능한 학생의 질문에 응하는 문제는 교사의 총체적인 지적 역량(콘텐츠)에 달려 있지 수업 기술과 무관합니다.

배움에서 질문의 중요성을 생각할 때, 교육과정이란 개념은 특정 학습 주제와 관련하여 학생들이 품을 수 있는 모든 호기심과 상상력이란 의미로 넓게 해석되어야 합니다. 그리고 그 지평은 거의 무한하다고 봐야 합니다. '배움엔 끝이 없다'는 상투적인 경구가 이를 말합니다. 배움에 끝이 없으면 교육과정의 외연도 끝없이 확장되어야 합니다. 그러므로 교사의 교재 연구도 끝이 없어야 합니다. 이런 뜻에서 교사용 지도서라는 매뉴얼 탐독으로 교재 연구를 갈음하는 교단의 풍토는 바뀌어야만 합니다. 최선의 수업을 위한 준비는 평생토록 하는 것입니다. 그것은 폭넓은 독서를 통해 이룰 수 있습니다.

30여 년 전 제가 교단에 처음 섰을 때나 지금도 여전히 좋은 수업을 고민하는 교사들이 수업 기법이나 수업 모형에 천착하고 있음에 씁쓸한 유감을 품습니다. 수업을 수업 테크닉이나 수업 방식의 문제로 환원하는 것은 된장찌개 맛에 아랑곳하지 않고 뚝배기에 신경 쓰는 것과도 같습니다. 좋은 수업과 관련한 교사의 자질은 교과에 관한 총체적 지적 역량의 문제일 뿐 그 밖의 것은 죄다 부차적인 문제라 해도 과언이 아닙니다. 학생의 배움에서 교사의 지성은 절대적입니다. 동서고금을 막론하고 그러합니다. 공자가 쌈박한 수업 모형으로 학생들을 현혹해서 최고의 스승으로 인정받았던 것은 아닙니다.

인문사회학적 소양의 중요성

초등학교 사회 교과는 국정교과서 외에 지역 교과서로 초3은 기초자치, 초4는 광역자치 단위에서 자율적으로 제작하여 학생들에게 배급합니다. 제작진의 역량에 따라 편차는 있겠지만 지역 단위에서 만들어진 교과서는 아무래도 국정교과서에 비해 저작물의 완성도가 부족하기 마련입니다. 예전에 어느 지역 교과서에서 "우리 고장에는 아주 먼 옛날부터 사람들이 살았고 그 시대 사람들의 무덤인 고인돌이 곳곳에 남아 있습니다"라는 문장을 접하면서 어떤 의문이 들었습니다.

고인돌을 사람들의 무덤으로 묘사하고 있는 이 문장은 학문적으로 중대한 오류를 품고 있습니다. 나무위키에서는 고인돌을 "청동기 시대 초기 지배층의 무덤 역할을 하기 위해 세운 석제 구조물의 한 종류"로 소개하고 있습니다. 석기 시대를 지나 청동기 시대에 이르러 농경이 도입됨에 따라 생산력이 발전하면서 계급 사회에 진입합니다. 이 시대에 만들어진 고인돌은 계급 분화의 산물로서 지배 계급을 위한 무덤이라는 것이 정설입니다. 그런데 "고인돌이 선사 시대 사람들의 무덤"이라 하면, 우리 아이들은 그 시대 사람들이 죽으면 모두 그 속에 들어가는 걸로 이해해 심각한 오개념을 품게 될 것입니다.

제가 볼 때 교과서 집필진의 오류는 '사람들'이란 개념에 대한 몰이해에 기인하는 것 같습니다. '사람들'에 해당하는 영어 단어에서 persons와 people은 다릅니다. 일상적으로 이 두 낱말은 별 차이가 없습니다. 이를테면 "어제 모임에 몇 명의 사람들이 참석했습니다." 할 때는 people과 persons를 똑같이 쓸 수 있습니다. 하지만 사회학적 맥락에서 이 둘은 다릅니다. 이를테면, 왕이나 귀족의 집합은 persons이지 people은 아닙니다. 따라서 people의 범주 속에 고인돌 속 주인공을 넣는 것은 어처구니없는 난센스일 뿐입니다. 이는 피라미드가 고대 이집트 사람들의 무덤이라는 것과도 같습니다.

지역 교과서는 해당 지역에서 나름의 교과 전문성을 지닌 분들에 의한 집단지성의 산물이라 할 것입니다. 그런데 집필진에 인문학이나 사회학적 소양을 약간이라도 갖춘 사람이 한 명이라도 있었다면 교과서에 이런 문장이 실려 지역 전체 학생들에게 안내되지 않았을 것입니다.

물론 기초자치 단위인 만큼 교육지원청에서 억지로 차출한 분들이었을 가능성도 클 겁니다. 지역 교육을 위해 애쓰신 그분들이 스스로를 사회교과 전문가로 자처하지 않는 한, 누구도 이들을 비난할 수 없습니다. 제가 이 글에서 말하고자 하는 것은, 특정인을 떠나 보편적인 교사 집단에 내재한 인문사회학적 소양의 결핍에 관한 문제입니다. 아마 지역의 많은 교사가 위의 문장에 별다른 문제의식을 품지 않고 학생들에게 그대로 가르쳤을 것으로 판단합니다.

　우리 때와 달리 지금 교대는 들어가기가 아주 어려울뿐더러 졸업 후 임용고시라는 관문을 통과해야 교단에 설 수 있습니다. 그래서 저는 후배 교사들이 우리보다 훨씬 똑똑한 인재들이라 생각합니다. 그런데 이 비범한 인재들이 뜻밖에도 인문사회학적 소양이 적잖이 결여된 것을 보며 놀란 적이 몇 번 있었습니다. 저는 이 기이한 인과관계가 시험 위주의 공부에 있다고 봅니다. 인문사회학적 소양은 "다음 중 ~가 아닌 것은?"이란 형태의 문제 풀이를 통해서는 길러지지 않습니다. 이 자질은 인간과 사회에 관한 각별한 관심과 부단한 독서를 통해 형성됩니다.

　영민한 인재들이 수능과 임용고시를 거치면서 정답 골라내기에 길들여지고 죽도록 열공 한 탓에 심신이 피로해서인지, 인간과 사회에 대한 깊이 있는 탐구를 기피하는 현실이 안타깝습니다. 임용고시는 교사가 되는 시작일 뿐 완성이 아닙니다. 진정한 교사의 자질은 교단에 선 뒤로 끊임없는 지적 연찬, 무엇보다 방대한 독서를 통해 길러집니다. 사회든 국어든 도덕이든 미술이든 음악이든 유능한 수업을 위해 인문사회학적 소양은 절대적으로 중요합니다.

흥미를 위한, 흥미에 의한, 흥미의 교육

　이 글도 20년 전쯤에 있었던 이야기로 시작하겠습니다. 어느 학교에서 음악 시범 수업을 참관했습니다. 지역에서 나름대로 음악교육 전문가로 이름난 분의 수업이었습니다. 역시 베테랑답게 적절한 테크닉으로 수업을 잘 진행하셨습니다. 하지만 나는 이분이 수업 시간 내내 아이들을 너무 엄격하게 다루는 태도가 무척이나 불편했습니다. 유능한 음악 교사의 지도하에 아이들이 악기는 잘 다루었지만, 경직된 자세와 표정으로 일사불란하게 움직이는 모습이 흡사 장난감 병정을 보는 느낌이었습니다.

　수업이 끝난 뒤 협의 시간에 참관 교사들의 호평이 이어졌습니다. 제게도 발언 기회가 주어졌지만, 차마 내 생각을 솔직히 말하지 못했습니다. 내심 다음과 같이 말하고 싶었지만 참았습니다. 음악 지도 역량은 탁월하되 음악의 본질적인 가치를 비껴가는 과오가 그 빛나는 장점을 질식시킨다고 말이죠.

　존재론적으로 음악은 즐거움을 생명으로 합니다. 음악音樂에서 한자어 '樂'이 음악 '악'과 즐거울 '락', 좋아할 '요'의 세 글자로 동시에 쓰이는 것에서 보듯, 무릇 음악 활동은 일단 즐거워야 합니다. 슬픈 음악을 연주할 때조차 진정한 뮤지션은 음악에 몰입해 음악과 자신이 하나 되는 무아지경에 이릅니다. 이것이 음악音樂

의 낙樂입니다. 따라서 음악 수업에서 제일 중요한 것은 학생들을 음악 활동에 푹 빠져들게 하는 것입니다.

요즘 학교에서 강압적인 방식으로 학생을 지도하는 모습은 잘 볼 수 없습니다. 하지만 예나 지금이나 학생들이 흥미 있게 수업에 참여하도록 이끄는 것이 우리 교사들의 지난한 과제인 것은 변함없습니다. 비단 음악뿐만 아니라 국어든 영어든 수학이든 모든 공부는 즐거워야 합니다. 존 듀이의 말을 빌리면, "교육은 흥미를 위한, 흥미에 의한, 흥미의 교육"이어야 합니다. 듀이의 이 말이 의미하는 바는, 어떤 수업에서 학생들이 수업목표에 도달하지 못하더라도 그 수업에서 흥미를 품게 했다면 성공적인 수업이라는 겁니다. 반대로, 학습력이 향상되었더라도 학생들이 배움에서 흥미를 못 느꼈다면 좋은 수업이라 할 수 없습니다. 학생의 성장 가능성이라는 측면에서 후자보다 전자가 훨씬 바람직할 것이기 때문입니다.

어떤 활동에서 학습자가 흥미를 품으면 공부는 일이 아니라 놀이가 됩니다. 학창 시절 저는 다른 교과보다 영어를 잘했습니다. 영어를 처음 배우기 시작한 중1 때 마침 팝송에 푹 빠져들었는데 그것이 계기가 되어 영어 공부에 대한 흥미를 붙여 갔습니다. 고등학교 때 『성문종합영어』를 공부할 때도 저는 심오한 뜻을 품은 영어 문장 하나하나를 해석하면서 지적 희열을 느꼈습니다. 지금도 저는 영어로 쓰인 책을 읽으며 영어 실력을 키워 가고 있습니다. 실력을 키우기 위해 영어 글을 읽는 게 아니라, 책 속에 담긴 지식에 흥미를 품고 영어 문장을 읽다 보니 부수적으로 영어 실력이 붙는 겁니다. 중1 때부터 지금까지 저는 영어 공부를 힘들게 한 기억이 없습니다. 단언컨대, 제게 그것은 일이 아니라 놀이였습니다. 이처럼 어떤 배움에서 흥미를 품으면 실력은 저절로 향상됩니다. 따라서 존 듀이의 말대로, 교육에서 제일 중요한 관건은 학생들에게 교과 공부에 대한 흥미를 갖게 하는 것입니다.

설명식 수업을 위한 변론

3학년 1학기 과학 마지막 5단원의 주제는 '지구'입니다. 4단원까지는 계속 과학실에서 실험을 했는데 5단원부터는 실험이 없다고 하니 아이들 입에서 실망의 탄성이 터져 나옵니다. 아이들의 실망을 수습하기 위해 "대신 선생님이 재밌는 이야기해 줄게!" 했더니 탄성이 환호성으로 바뀝니다. 아이들은 제 이야기를 굉장히 좋아합니다. 자랑이 아니라 저는 아이들에게 이야기를 쉽고 재밌게 들려주는 약간의 재주가 있습니다. 그래서 제가 강점을 보이는 수업기법은 스토리텔링이라 하겠는데, 흔히 '설명식 수업'이라 일컫는 것입니다. 우리 교단에서 설명식 수업이 '종북좌파'만큼이나 기피와 혐오 대상으로 자리하고 있는 것이 지금까지도 내겐 미스터리로 남아 있습니다.

> 아이로 하여금 푸른 바다로 나아가게 하기 위해서는 배를 만들어 주거나 배 만드는 법을 가르칠 게 아니라, 오로지 바다를 미치도록 그리워하게 하라.

생텍쥐페리의 이 말을 나는 미치도록 좋아합니다. 교육의 본질, 교육의 목적, 학교의 존재 이유에 대해 이보다 더 심오한 방식으로 적확하게 표현한 말이 잘 없으리라 생각합니다.

우주과학은 초3 아이들의 인식 세계에서 신기원을 이루는 의미 있는 공부거리입니다. 따라서 단원의 첫 차시 수업은 아이들이 우주를 미치도록 그리워하게 이끌어야 합니다. 우주에 대한 진지한 학문적 접근을 처음 하는 아이들은 이 공부에 특별한 흥미와 지적 희열을 품기 마련입니다. "밤하늘에 있는 별의 개수가 지구에 있는 전체 모래알 수보다 더 많다"라고 말해 주면 아이들 입에서 감탄사가 터져 나옵니다.

유튜브에서 'Universe Size Comparison(우주의 크기 비교)'로 검색하면 우주에 있는 여러 천체의 상대적 크기를 실감 나게 보여 주는 영상자료가 조회됩니다. 아이들에게 우주의 호기심을 자극하기가 그만인 자료입니다. 이 영상물은 단원 학습 제재인 지구와 달을 비롯해서 태양계의 여러 행성을 태양의 크기와 비교한

다음, 블랙홀과 성운, 은하에 이어 맨 마지막은 우주의 크기를 소개하는 것으로 파노라마의 대미를 장식합니다. 이 정보의 의미를 제대로 이해하기 위해서는 중간중간에 아이들의 눈높이에 맞춰 교사의 자세한 설명이 뒤따라야 합니다. 우리 은하the Milky Way의 직경이 10만 광년으로 소개되는데, 아이들에게 '광년'이라는 개념을 이해시키기가 쉽지 않습니다.

우주를 미치도록 그리워하게 만들려면, 아이들이 우주에 대한 흥미를 품도록 해야 합니다. 우주에 대한 흥미는 우주에 대한 가슴 벅찬 경외감과 맞닿아 있는데, 그 핵심이 광년입니다. 그래서 어렵더라도, 교사용 지침서에서 다루지 않더라도, 아이들이 우주를 미치도록 그리워하게 만들고자 하는 교사는 광년에 대해 이해를 시켜야 합니다. 그런데 이 이해는 교사의 설명에 힘입어 가능합니다.

피아제는 지식을 아동 스스로가 독자적으로 구성해 가는 것으로 봤습니다. 하지만 광년에 대한 개념은 아동 스스로 구성하긴 어렵습니다. 피아제는 자연법칙에 따른 성숙의 결과로 이루어진 발달 조건이 구비될 때 비로소 교육이 가능하다고 봤습니다. 그래서 피아제는 "교육은 발달의 뒤를 절름거리며 따라간다"라고 말했습니다. 피아제의 논리로는, 초3 아이에게 '광년'이란 개념을 다루는 자체가 교육적으로 합당하지 않은 것입니다. 하지만 피아제와 달리 비고츠키는 "교육이 발달보다 앞서가고 발달을 이끌어야 한다"라고 주장했습니다. 제 경험으로 아이들의 눈높이에 맞쳐 설명하면 쉽게 이해합니다. 지금 창밖에 보이는 태양이 8분 전의 태양이며, 북극성이 오늘 폭발한다면 지구에서는 430년 뒤에나 알 수 있다고 설명해 주면 아이들의 입이 딱 벌어집니다.

앞글에서 언급한 "교육은 흥미에 의한 흥미를 위한 흥미의 교육이어야 한다"라는 존 듀이의 말을 상기합시다. 듀이와 마찬가지로 비고츠키도 교육에서 흥미가 절대적으로 중요하다고 했습니다. 그런데 저의 우주과학 수업에서 보듯, 흥미는 아동 스스로 구성하기보다 교사나 부모에 의해 매개되는mediated 경우가 많습니다. 지적 호기심이나 흥미의 정도는 선천적으로 타고나는 면이 있습니다. 하지만 흥미는 사회적으로 공유될 수 있으며, 어떤 매개자(스승)를 만나느냐에 따라 얼마든지 심화되고 확장될 수 있습니다. 흥미의 매개는 주로 교사의 설명을 통해 이루어진다고 봅니다. 설명식 수업이 권장되어야 하는 중요한 이유라 하겠습니다.

설명식 수업은 교사의 수업 일상에서 자연스럽게 이루어지고 있지만 공개수업 때는 모든 교사가 이 방식을 기피하는, 야릇한 숨바꼭질이 벌어지고 있는 것이 우리 교단의 현실입니다. 일상 속에서 모든 수업을 설명식으로 하는 것은 비난받을 일이지만, 공개수업 때 모든 교사가 설명식 수업을 피하는 것도 바람직하지 않긴 마찬가지입니다. 학생은 침묵하고 교사 혼자 떠드는 설명식 수업은 물론 지양되어야 합니다. 이런 것은 설명이 아니라 설교일 뿐입니다. 하지만, 우리 교단에서 종북주의처럼 금기시되고 있는 설명식 수업도 장점이 많습니다. 설명식 수업은 짧은 시간 내에 많은 내용에 대한 학습이 가능한 점, 학생 스스로는 구성하기 힘든 어려운 내용을 교사의 매개에 힘입어 손쉽게 학습할 수 있는 점이 자랑입니다. 하지만 설명식 수업이 성공적으로 이루어지기 위해선 다음과 같은 점을 유의해야 합니다.

- 교사 변인: 해당 수업 내용에 대한 해박한 지식이 준비되어야 하고 이를 바탕으로 학생들의 흥미를 끌며 설명을 재미있게 할 수 있어야 합니다.
- 학습자 변인: 아무리 설명을 재미있게 하더라도 학습자가 집중할 수 있는 시간의 한계가 있습니다. 초등학생은 고학년도 10분이 한계치입니다. 따라서 교사는 설명을 최대한 간략하게 하고 수시로 교사와 학생이 서로 질문을 주고받으며 교사의 설명에 대한 학생의 이해 정도를 확인하거나, 수업 내용과 관련한 영상자료 시청을 곁들이면서 수업 분위기를 환기시킬 필요가 있습니다.

교사 역량 중심 교육과정

 교육과정에는 여러 수준이 있습니다. 보통 국가 수준, 지역 수준, 학교 수준의 세 단위로 나눕니다. 하지만 현실 속에서 교육은 국가 수준도 지역 수준도 학교 수준도 아닌 교사 수준의 교육과정 형태로 이루어집니다. 교육은 궁극적으로 교사의 손끝에서 시작되고 완성되기 때문입니다. 교육의 질은 교사의 질을 능가할 수 없다는 말이 있습니다. 이 말은 어떤 분야에서 교사가 뛰어난 역량을 지니고 있으면 평균 수준 이상의 교육이 가능하다는 뜻으로 해석할 수도 있습니다. 이 글에서 나는 '교사 역량 중심 교육과정teacher capacity centered curriculum'이라는 개념을 창안하여, 교육의 효율성을 극대화하기 위해 교사의 역량에 따라 교육과정이 탄력적으로 운영되어야 한다는 논지를 펼치고자 합니다.

 교육과정은 여러 교과로 구성되고 각 교과는 여러 영역으로 나눕니다. 이를테면 영어교육에서는 말하기-듣기, 독해, 문법 등의 영역이 있고 그에 따른 역량 요소들로 발음, 어휘력, 구문이해력 등이 있습니다. 그런데 초등교사가 모든 교과목에 능통할 수 없습니다. 이를테면 국·영·수는 잘 가르쳐도 체육 교과 지도에는 취약할 수 있습니다. 특정 교과를 가르치는 중등 교사도 영역별로 강점이 다르기 마련입니다. 음악 교사의 예를 들면, 피아노를 전공한 사람은 성악 파트보다 기악 파트에 더 유능할 것이고, 서양 음악에 비해 국악 지도는 상대적으로 취약할 수 있습니다.

그럼에도 현행 교육 시스템에서는 개별 교사들에 내재한 특수한 역량 또는 한계를 무시하고 획일화된 교육과정의 운영을 강요합니다. 이런 천편일률적인 지침이 학생의 성장이나 사회의 발전을 위해 바람직할지 의문입니다. 나는 교육과정 운영에서 저마다 다른 교사 특성을 고려하여 교사의 자율성을 최대한 존중해야 한다고 생각합니다. 이를테면 영어 교사 가운데 문법에 강점을 지닌 경우는 문법 지도를, 발음에 유능한 교사는 그렇지 않은 교사보다 발음 지도에 더 많은 시간을 할애하는 것이 학생의 성장에 바람직합니다. 음악 교사는 자신의 전공(작곡, 기악, 성악, 국악)에 따른 수업을 좀 더 할 수 있게 해야 합니다.

현실에서 대부분의 교사가 이렇게 수업하고 있으리라 판단합니다. 이런 방식으로 교육과정을 실행하는 것이 너무도 자연스러움에도, 교사들은 마음 한구석에서 자신이 어떤 원칙을 어기고 있다는 불편한 마음에 사로잡힐 수도 있을 겁니다. 나는 이 글을 통해, 그럴 필요가 없다고, "당신이 옳다!"는 말을 하고자 합니다. 이것은 편법이 아니라, 교육이 교사의 손끝에서 시작되고 끝맺는 교육 원리상 그럴 수밖에 없고 또 마땅히 그러해야 하는 필연성과 정당성 그 자체입니다.

다행히도 현행 교육과정에서는 교과 간의 경계가 예전처럼 지나치게 엄격히 구분되지 않으며 또 교과 간의 통섭(융합교육과정)이 중요시되고 프로젝트 수업이 권장되고 있습니다. 이에 따라 6학년 교사가 영어 수업 시간에 이를테면 돈 매클레인Don McLean 의 〈빈센트Vincent〉라는 노래를 지도하면 영어+음악+미술+역사 수업을 한 것으로 간주됩니다. 팝 음악에 조예가 있고 영어 발음과 음악적 역량이 뛰어난 교사가 이런 수업을 많이 하여 학생들에게 영어 공부에 대한 흥미와 학습 의욕을 고취한다면 이보다 더 바람직한 형태의 교육과정 실행이 없을 것입니다.

2009년 이명박 정권기에 영어교육에 대한 중요성이 한창 고조되던 때였습니다. 영어로 수업하기TEE, Teaching English in English 가 거의 강제되다시피 하여 학교에서는 영어 업무나 영어전담교사를 기피했습니다. 아무도 안 하려 해서 제가 영어 전담에 영어 업무를 떠맡았습니다.

영어전담교사로 3학년과 6학년 아이들을 가르쳤는데, 정말 열심히 신명 나게 가르쳤습니다. 어떤 수업이든 교사가 신명 나게 가르치면 아이들도 열심히 따라오기 마련입니다. 난생처음 영어를 배우는 3학년 아이들은 일주일에 한 시간 있는 나의 영어 수업을 정말 좋아했습니다(이때는 3~4학년 영어 수업이 주당 한 시간이었습니다). 담임선생님들도 "도대체 선생님께서 수업을 어떻게 하길래 아이들이 영어 수업을 기다리는 건가요?"라고 말할 정도였습니다.

아이들을 영어에 빠져들게 만든 비법은 '영어 노래'였습니다.

저는 음악에 대한 남다른 흥미와 재능을 지니고 있습니다. 교육적으로 바람직하고 학생들이 흥미를 느낄 수 있는 영어 노래를 많이 알고 있으며, 기타나 피아노 반주로 그 노래를 신명 나게 가르칠 수 있습니다. 그리고 다른 교사들에 비해 영어 발음이 꽤 좋은 편입니다. 영어 지도 역량과 관련한 나의 이러한 특수성에 입각할 때, 내가 추구할 '교사 역량 중심 교육과정'의 방향은 영어 노래 지도에 비중을 많이 두는 것이라 판단했습니다. 교육과정을 재구성하여 내 생각에 덜 중요하다 싶은 것은 제거하고 그 자리를 교육적 가치와 학생의 흥미를 끌 수 있는 영어 노래 콘텐츠로 채웠습니다.

조기 영어 공부에서 노래로 영어를 배우면 장점이 굉장히 많습니다. 비고츠키는 놀이가 근접발달영역ZPD을 창출하기 때문에 그냥 배우는 것보다 놀이를 통해 배우면 훨씬 잘 배울 수 있다고 했습니다. 마찬가지로 영어 동요나 팝송으로 영어를 배우면 그 속에 있는 영어 단어 같은 것을 책을 통해 배우는 것보다 훨씬 효율적으로 학습할 수 있습니다.

노래를 통한 영어 공부의 가장 큰 장점은 발음이 좋아지는 점입니다. 동양인이 영어를 배울 때 가장 큰 벽이 '발음'입니다. 특히 조기 영어교육에서 발음은 정말 중요합니다. 그럼에도 초등 영어 교육과정에서는 정확성accuracy보다 유창성fluency을 강조하기 때문에 발음에 대한 스트레스를 주지 말라고 합니다. 내가 볼 때 이러한 매뉴얼은 학생을 위한 배려이기보다 교사를 위한 배려로 보입니다. 사실 교사가 발음이 좋으면 아이들 발음도 저절로 좋아집니다. 교사가 어려운 영어 발음을 쉽게 하는 방법을 아이들에게 시범을 통해 가르치면 초등학생들은 놀라울 정도로 발음을 잘 따라 합니다. 특히 영어 발음에서 조기교육이 중요하다는 건 상식인데, 영어 발음을 잘 지도할 수 있는 교사에게도 발음 지도를 경시하는 수업 지침을 강요해야 할까요?

영어 노래의 선정은 가급적 교과서 내용과 연계되도록 선정을 했지만 부득불 그러하지 않은 경우가 있었습니다. 이 점은 나만의 영어 수업이 지닌 한계일 수 있습니다. 다른 교사들의 수업에 비해 교과서에 불충했던 이 문제가 내게 너무나 뼈아픈 결과로 닥쳐왔습니다.

그해 11월에 도 학력고사를 치렀는데 우리 학교 아이들의 영어 성적이 낮게 나와서 다음 학년도에 학력 관리 대상 학교로 지정되었다는 통보를 받았습니다. 스포츠 감독이 팀 성적으로 평가를 받듯이, 교사는 학생들의 시험 성적으로 평가를 받는 법이죠. 입이 열 개라도 할 말이 없는 처지가 됐습니다. 그것으로 나는 졸지에 영어 못 가르치는 교사가 되었습니다. 이 충격으로 한동안 영어 전담을 맡지 않았습니다.

그로부터 몇 년 뒤 내가 사는 지역의 어느 병원에서 진료 대기하던 중 옛 제자를 만났습니다. 고3인데 그해에 6학년으로 내게 영어를 배운 학생이었습니다. 나는 얼굴도 기억이 나지 않았지만, 그 학생은 무척 반가워하며 대뜸, "선생님께 영어 배울 때가 제일 재미있었고 또 가장 열심히 영어 공부를 했어요"라고 했습니다.

15년 전의 일이었는데, 지금 저는 다른 교과는 몰라도 영어 하나만큼은 잘 가르치는 교사라 자부합니다. 그리고 다만 시험성적이 안 좋았을 뿐 그때도 영어를 잘 가르쳤다고 생각합니다. 문제는 그 시절의 영어 교과서가 지금과 달리 국정國定이었던 것입니다.

도 학력고사의 시험 문항은 교과서를 바탕으로 출제하다 보니 교과서에 충실한 수업을 받은 학생들이 내 수업을 받은 학생들보다 점수가 잘 나오는 것은 당연했습니다. 이런 시험 결과는 객관적인 실력으로 볼 수 없습니다. 제대로 된 시험, 이를테면 수능시험에서는 특정 교과서의 지문이 그대로 국어나 영어 시험에 출제되는 것은 있을 수 없는 일입니다. 교육과정과 교과서는 다르죠. 교사의 본분은 교육과정을 가르치는 것이지 교과서를 가르치는 게 아닙니다. 장학사(연구사)님들이 교사들에게 입버릇처럼 하는 말이 "좋은 수업은 교과서 없이 하는 수업"이라는 것입니다. 그런데 이분들이 말은 이렇게 하면서 도 학력고사 평가문항은 철저히 교과서 위주로 제작하니 너무 앞뒤가 맞지 않는 것입니다.

교사가 어떻게 학생을 가르쳐야 교육과정에 충실한 것일까요? 교육과정의 본질이 뭔가요? 나는 이에 대한 답의 핵심이 '흥미'라고 생각합니다. 거듭 말하지만, 흥미가 있으면 실력은 저절로 향상되기 때문입니다. 시험성적을 잘 거두진 못했지만, 적어도 나는 아이들이 영어 공부에 흥미를 갖고 열심히 하도록 가르쳤습니다.

그리고 내가 다른 건 몰라도 영어 발음 하나는 아이들에게 정확히 지도한다고 자부합니다. 나는 어려운 영어 발음을 어린 학생들이 쉽게 익히도록 효율적으로 가르치는 교수 역량의 소유자입니다. 그런데 시험 점수로 교사의 역량을 평가하는 체제하에서는, 발음을 중시하고 수업 시간을 할애하여 열심히 지도하는 노력은 헛수고가 됩니다. 발음은 시험에서 다루지 않는 역량이기에 말입니다.

처음 영어를 배우는 아이들은 영어 특유의 혀 꼬부라진 발음에 주눅 들기 마련입니다. 콩글리시 유저user가 되지 않기 위해 학생들은 이 난관을 넘어야 하고 그것을 도와주는 게 교사의 임무일 겁니다. 그런데 발음과 관련한 교사의 유능한 가르침에 힘입어 초3 아이들이 영어 공부에 흥미와 자신감을 품는다면 이보다 더 중요한 교육적 성과가 뭐 있을까요? 이 성과는 시험 결과를 통해 정량화할 수 없기에, 나는 성적과 무관하게 그때 나의 영어 수업 방법이 옳았다고 생각합니다.

모든 영어 교사가 나처럼 영어 수업을 할 필요도 없고 또 그렇게 해서도 안 됩니다. 교사 역량 중심 교육과정의 원리에 입각해, 이를테면 발음에 자신이 없고 문법에 강한 교사는 학생들에게 문법을 쉽고 재미있게 이해하게 하는 수업에 비중을 두자는 겁니다. 교육과정의 본질은 교사 교육과정입니다. 특정 교사의 장점과 특기를 최대한 발휘하여 교육과정을 자기 나름으로 재구성해서 신명 나게 가르치도록 교사의 자율성을 존중해줘야 합니다. 나아가 이 원리에 입각해 일제고사를 지양해야 합니다. 평가를 하되, 수업을 한 교사가 자신이 학생들에게 가르친 내용을 바탕으로 직접 평가도구를 제작하도록 평가의 자율성을 부여해야 합니다.

삶 중심 교육과정

한글이든 영어든 배움의 첫걸음은 글자를 읽고 쓰는 법을 익히는 것입니다. 기초 영어교육에서 영어 단어를 읽고 쓰는 법을 파닉스phonics라 합니다. 한글에서 'ㄱ+ㅏ+ㅇ'를 '강'으로 읽듯이, 영어 단어 'c+a+n'을 '캔'으로 읽을 수 있게 가르치고 배우는 것이 파닉스 공부입니다.

아래 사진은 2008년에 영어 전담할 때 파닉스를 체계적으로 가르치기 위해 제가 직접 제작한 자료입니다. 초급-중급-고급으로 영어단어를 분류하여 A4 용지 3쪽에 압축해서 수록했으며, 모든 단어를 내 머릿속에서 떠올리며 새로운 좋은 단어가 생각날 때마다 계속 업데이트 했습니다. 단어 배치에 대한 고민은 지금도 계속하고 있습니다. 어떤 단어를 어떤 위치에 배치하는 것이 교육 효과가 더 높을까 고민하는 것입니다.

저의 방법론은 유사한 발음원리를 지닌 단어군을 오른쪽으로 가면서 점점 어려운 단어로 배치하여 학습자의 파닉스 능력이 점진적으로 향상되게 하는 것입니다. 여기서 맨 첫 단어가 제일 중요합니다. 시작이 반이라고, 첫 단어를 읽을 수 있으면 그다음 단어는 술술 해결됩니다. 따라서 자료 제작자의 입장에서도 첫 단어를 어떤 것으로 배치할 것인가 하는 문제가 매우 중요합니다.

표에서 동그라미 친 단어군群에 주목합시다.

-ine -ime	nine	fine	pine
-ive	five	dive	drive
-ile -yle	file	tile	mile
-ire -yre	fire	tire	tired
-ace -ase	ace	face	pace
-afe -ape	ape	tape	safe
-ade -ate	made	fade	shade
-ake	cake	lake	make

ace-face

ape-tape

이 단어의 배치가 잘못되었습니다. 최초에 이렇게 배치할 때, 저는 철자 수가 하나라도 적은 단어가 앞에 오는 것이 효율적이리라 판단했습니다. 하지만 몇 년 뒤에 이게 잘못되었다는 것을 알게 되었습니다. ace-face와 ape-tape의 조합에서 전자는 후자보다 읽기는 쉬울지언정 기억되기는 더 어렵습니다. 아이들의 삶에서 페이스face와 테이프tape는 외래어로 자주 만나는 낱말입니다. 하지만 에이스ace도 그렇거늘 에이프ape(유인원)는 어른들에게도 어려운 단어인 까닭에 아이들의 뇌리에 기억되기 어렵습니다.

처음의 제 생각이 잘못되었다는 것은 학생들을 가르치면서 깨달았습니다. 파닉스 감각이 뛰어난 학생들은 처음 접하는 단어도 발음의 원리에 입각해 쉽게 읽어 내지만, 학습력이 낮은 학생들은 특정 단어의 발음 원리(파닉스)보다 그 단어의 낱말 뜻에 의존해 가까스로 읽어 내는 것이 관찰되었습니다. 이를테면, can이라는 단어의 발음 원리가 'c(ㅋ) + a(ㅐ) + n(ㄴ) = 캔'이라는 것을 교사로부터 배웠지만, 다음 시간에는 이 발음 원리를 까먹은 탓에 잘 읽어 내지 못합니다. 하지만 첫 시간에 이 단어의 발음이 '캔 커피' 할 때의 '캔'으로 발음되는 것으로 기억했다면, 다음 시간에도 쉽게 읽어 낼 수 있습니다. 단, 학생의 단어 읽기 역량은 발음 원리에 대한 인지에 입각한 것이 아니라 낱말 뜻을 통한 연상 능력에 기초해 있습니다. 하지만 이 연상 능력은 곧 발음 원리에 대한 이해력으로 전이됩니다. can을 읽을 수 있으면 그 뒤에 이어지는 man-fan-van도 읽을 수 있게 되고 몇 차례의 반복 학습을 통해 '자음 + a + n'으로 철자가 구성된 낱말에 대한 파닉스 원리를 숙달하게 됩니다.

학생들의 머릿속에서 파닉스 학습이 이루어지는 이치를 제가 깨달은 것은 '실천'을 통해서였습니다. 생각건대 영어교육학에 이에 관한 이론이 정립되어 있을 것 같습니다. 그러니까 영어교육 전공자라면 저 같은 시행착오를 겪지 않았을 것입니다. 그런데 영어교육을 전공하지 않은 제가 그래도 빨리 오류를 벗어날 수 있었던 것은 존 듀이의 '삶 중심 교육과정life-centered curriculum' 이론 덕분이었습니다. 파닉스 학습 자료 제작에서 낱말을 구성할 때 맨 첫 번째의 것은 아이들의 삶에서 익숙한 낱말로 배치한다는 것이 '삶 중심'의 개념입니다.

교육 이론이 교사의 교육 실천에 직접적으로 영향을 미치는 경우는 드뭅니다. 하지만 우리가 수업을 계획-실천하거나 생활지도를 하거나 바람직한 학교교육 방향에 관한 교사협의회를 하거나 하는 모든 교육 실천 상황에서 교육이론은 현명한 통찰을 제공하는 영감의 원천이 됩니다. 이론은 우리의 성찰이 바른 방향으로 나아가게 하는 힘이 됩니다.

의태: 선한 영향력

교실 청소를 쉽게 하기 위해 공부 마치고 헤어질 때 각자 의자를 책상 위에 올리고 갑니다. 작년까지 3학년 담임할 때는 아이들이 의자를 올리고 내리기가 힘들어서 이렇게 하지 않았지만, 5학년 아이들은 감당할 수 있을 것 같아서 이렇게 해 봅니다.

이 방식은 청소의 효율성은 있지만 한 가지 불편한 점이 있습니다. 각자 자기 의자만 올리고 내리는 모양새가 우리 반 급훈 '함께 나아가기'의 취지를 살짝 비껴가는 것입니다. 아침에 오는 순서대로 의자가 하나둘씩 내려지는데, 맨 마지막에 남은 한 개의 의자가 쓸쓸해 보입니다. 그 의자의 주인은 매일 지각하는 어떤 친구일 수도 있고 몸이 아파서 오늘 학교에 못 오는 친구일 수도 있습니다. 모두 조용히 책을 읽고 있는데 아직 안 온 한 친구의 의자만 덩그러니 책상 위에 올려져 있는 풍경에서 어떤 소외의 분위기가 느껴집니다. 학급 학생들이 이런 소외의 분위기에 익숙해짐에 따라 파생될 잠재적 교육과정의 역기능이 마음에 걸립니다.

그래도 달리 대안이 없는 노릇입니다. 제 어릴 적 기억으론 청소를 맡은 학생들이 청소 마지막 순서로 반 전체 아이들의 의자를 내리고 갔던 것 같은데, 지금 아이들에게 그렇게 시키기 어려운 형편입니다. 그래서 그냥 1교시 수업 시작할 때, "아직 안 온 친구의 의자 하나가 책상 위에 올려져 있는 게 보기 안 좋지? 늦게 오거나 결석한 친구의 의자는 짝꿍이나 모둠 친구들이 대신 내려주면 좋겠다"는 정도의 메시지를 건넸습니다.

그러던 어느 날 아침 지태가 일등으로 교실에 입장하면서 다짜고짜 반 전체 아이들의 의자를 모두 내리기 시작했습니다(저는 보통 일찍 출근하여 교실에서 일 보면서 아이들을 맞이하는 편입니다). 이때가 6월쯤이었는데 날씨가 더웠습니다. 이마에 흐르는 땀을 닦으면서 이를 악물고 친구들의 의자를 내리는 아이의 모습이 가상함을 넘어 숭고해 보이기까지 했습니다. 1교시 시작할 때 반 친구들에게 지태의 헌신을 알려 주고 치하했습니다. 평소 학교에 늦게 오는 지태의 이 뜻밖의 영웅적 행동에 모두 놀라워했습니다.

여름방학을 보내고 2학기 개학하는 날 아침, 이번에는 갑기가 첫 번째로 교실에 들어서면서 지태와 똑같은 활동을 했습니다. 시기적으로 지태와 갑기의 행위 사이에 여름방학을 포함한 긴 공백기가 있었던 점이나 갑기의 시크한 성격을 생각할 때, 아이는 교사에게 칭찬받기 위해서가 아니라 내적으로 어떤 비상한 의지나 결기가 발동하여 그렇게 한 것으로 이해됩니다. 어쨌거나 이번에도 반 전체 학생들 앞에서 갑기의 행동을 칭찬해 주었습니다.

다음 날은 민아가 맨 먼저 와서 그 일을 했습니다. 쉬는 시간에 친구들과 놀지 않고 혼자 책을 읽거나 하는 특유의 성향을 생각할 때, 민아의 행동도 정말 뜻밖이었습니다. 아마 반 아이들도 놀랐을 것입니다. 지태에게서 시작되어 현재 우리 반에서 일고 있는 이 뜻밖의 현상에 대해 아이들에게 어떤 의미를 짚어 주고 싶었습니다. 1970년대 말 조세희 씨의 명작 소설 제목에서 유래한 표현으로 어떤 인물의 선한 행동이 사회적으로 파장을 일으킬 때 쓰는 '난장이가 쏘아올린 작은 공'이 있다는 것을 설명해 주었습니다. 나아가, 이 표현은 줄여서 '난쏘공'이라 일컫는데 우리도 지태가 반 전체 친구들에게 끼친 선한 영향력을 '지쏘공'이라 이름 지을 것을 제안하고서 동의를 이끌었습니다.

그다음 이틀은 혼자서 반 친구들의 의자를 다 내려주는 아이는 없었어도 일찍 오는 아이들이 자기 모둠 친구들의 의자는 내려주는 모습을 보였고, 다음 날은 병창이가 현명이와 함께 입장해서 지쏘공을 실천했습니다. 현명이의 집은 학교에서 멀리 있어서 일찍 오는 일이 잘 없는 점으로 미루어 아마 두 친구는 지쏘공을 위한 의기투합으로 같이 일찍 오게 된 것이 아닌가 싶습니다.

이 책을 교정 보는 현재 곧 겨울방학을 앞두고 있습니다만, 지금도 지쏘공은 이어지고 있고 일찍 오는 사람이 최소한 자기 모둠 친구들의 의자는 내려주는 게 하나의 불문율로 통하고 있습니다. 내 교직 생애에 좀처럼 경험하지 못한 참으로 가슴 벅찬 현상입니다. 지쏘공이라는 이름의 선한 신드롬이 일어난 배경에 대한 어떤 교육학적 통찰이 떠올랐습니다.

자연계에서 유기체는 주위 환경에 자신을 맞추려는 경향이 있습니다. 의태라 일컫는 현상인데, 우리는 약한 동물들이 이 의태 기제를 통해 포식자에게 잡아먹힐 위험을 줄인다고 생각합니다. 그러나 실상은 그렇지 않습니다. 1930년대 초 미국에서 조류 6만 마리의 배를 갈라 새들이 먹은 곤충을 조사했는데 위장 능력이 있는 곤충과 없는 곤충의 수가 비슷하게 나왔습니다. 진화생물학이 '포식자로부터 보호'라는 기제로서 의태를 설명할 수 없다는 사실에 대해 프랑스의 사회학자 로제 카유아Roger Caillois는 "유기체가 자신의 환경에 포획되는 일종의 자연법칙이 존재한다"라고 했습니다. 카유아의 논리는 의태의 본질이 생물학보다 사회심

자벌레의 의태

리학적으로 접근할 때 설명이 더 잘된다는 뜻입니다.

만물의 영장인 인간에게도 이 의태 개념을 적용할 수 있습니다.* 의태를 영어로 '미미크리mimicry'라 하는데, 'mimic'은 흉내 내기라는 뜻입니다. 미물이든 인간이든 모든 유기체는 따라쟁이입니다. 우리는 주변 사람들을 따라 할 때 소속감을 느끼게 되고 심리적 안정을 얻게 됩니다. 만약 사람들이 주변의 영향을 받지 않고 각자 주체적으로 살아간다면 '유행'이란 개념이 성립하지 않을 것입니다. 정말이지, 유행을 좇는답시고 분수에 맞지도 않는 수백만 원짜리 명품 가방을 갖기 위해 카드를 긁는 어른들에 비해 친구의 선한 영향력을 좇는 우리 아이들이 얼마나 기특한지 모릅니다.

혹자는 지쏘공을 일으킨 주된 동력이 교사의 칭찬이라 생각할지도 모릅니다. 교사의 칭찬이 정적 강화로 작용하여 아이들이 너도나도 칭찬받기 위해 지쏘공이 일어났다는 거죠. 그런 점도 없잖아 있겠지만, 더 중요한 것은 아이가 아이에게 미치는 영향력입니다. 비고츠키주의자들이 말하듯이, 아이들의 행동 변화에서 교사조절보다 타인조절의 영향력이 훨씬 지대하게 작용하는 법입

---

* 라캉의 '거울단계 이론'이 그 한 예입니다. 라캉에 따르면, 거울단계(생후 6~18개월)의 영유아들은 거울에 비친 자신이든 다른 아이든 외부의 어느 한 가지 이미지와 자신을 동일시한다고 합니다.

니다. 특히 고학년 아이들의 인정욕구는 교사-학생 관계에서보다 또래 집단의 관계망 내에서 더 강하게 작용합니다.

2학기 들어 시작된 지쏘공 신드롬은 한 학기 동안 몇몇 말썽꾸러기 때문에 지쳐 가던 내 영혼에 커다란 힘과 용기를 불어넣어 주었습니다. 우리 반에는 개성이 강한 아이들이 많아서 늘 팀워크가 걱정이었는데, 지쏘공은 교실공동체가 어느 정도 튼튼히 서는 모멘텀이 되었다고 자평해 봅니다.

수다 떨기

우리 학급의 아침활동 시간표입니다. 8시 30분까지 등교해서 1교시가 시작되는 9시까지 30분 동안 이루어지는 아침활동도 엄연한 교육과정입니다. 보통 이 시간에 독서를 하게 하지만, 제 딴에는 창의적으로 학급 운영을 하고자 이렇게 배치하였습니다. 매일 독서하는 것보다 중간중간에 색다른 활동을 하

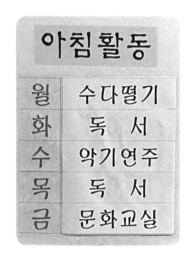

게 함으로써 아이들의 교실살이가 좀 더 행복해지길 바라는 마음에서 시작했는데, 실천해 보니 교육적 효과도 좋아서 지금까지 해 오고 있습니다. 이 글에서는 '수다 떨기'의 교육적 의의를 설명해 보겠습니다.

수다 떨기는 주말에 있었던 일을 학급공동체 구성원들이 나누는 활동입니다. 아이들이 한 명씩 앞에 나와서 주말에 한 일을 친구들에게 주절주절 수다 떨 듯이 들려주는 것인데, 이 교육활동은 다음과 같은 교육적 효과가 있습니다.

첫째, 발표력과 자신감이 길러집니다.

발표력은 자신감 또는 용기와 밀접하게 상관있습니다. 사석에서 말을 잘하는 사람도 다중 앞에서는 어떤 정서적 불편으로 자기 머릿속에 있는 생각을 잘 표현하지 못하는 경우가 많습니다. 이른바 무대울렁증입니다. 저도 오래도록 이 무대울렁증의 질곡에서 헤어 나오지 못했습니다. 발표를 앞두고 마음속으로 공들여 생각을 정리하지만, 막상 사람들 앞에 서면 긴장한 탓에 머리가 하얘지는 좌절을 많이 겪었습니다. 이러한 저의 한계는 책을 내고 강의를 자주 다니면서 극복할 수 있는데 이를 통해 중요한 사실을 깨달았습니다. 저의 한계는 타고난 내향적인 성격 탓이 아니라 환경적인 요인, 즉 경험의 결핍에 기인한다는 것입니다. 저는 초등학교 6년 동안 수업 시간에 책 한번 읽어 본 기억이 없습니다. 한 반에 70명 가까이 되는 콩나물 교실이었던 탓에 선생님의 호명을 받아 책 읽을 특혜를 아무나 누릴 수 없었습니다. 책 읽는 기회가 없으니 앞에 나와서 발표할 기회는 꿈도 못 꿀 일입니다.

수다 떨기 활동의 중요성을 아이들에게 각인시키기 위해 저의 과거 이야기를 그대로 들려줍니다. 교사의 삶이 가장 위력적인 교육과정입니다. 내 삶에서 실패를 겪은 일을 말해 줄 때 아이들은 각별한 반응을 보입니다. 교사 삶의 스토리 자체가 흥미 있는 소재이기도 하지만, '선생님도 한때 그랬다'는 진솔한 고백이 아이들에게 큰 위로와 용기를 자극합니다. 나아가 조기교육의 중요성에 관해 역설하면서 "선생님은 이 한계를 벗어나기 위해 100만큼의 노력 혹은 고생을 했다면, 여러분은 10만큼의 노력만 하면 된다"
라고 말해 주면 아이들이 크게 공감합니다.

둘째, 사고력이 향상됩니다.

다중 앞에 서는 일은 부담스럽기 때문에 누구나 이런 일을 피
하려 하고 또 그로 인해 무대 울렁증이 심화되는 악순환이 반복
됩니다. 교사는 학생들이 이러한 자기 한계를 이겨 내게끔 어떻게
든 무대 앞으로 끌어내는 전략을 구상해야 합니다. 이 자명한 이
치를 모르는 교사는 없습니다. 그래서 소극적인 아이들에게 발표
의 기회를 주며 독려해도 아이들은 좀처럼 마음을 열지 않습니
다. 하지만 수다 떨기 활동에서는 이런 소극적인 아이들이 숨을
곳이 없습니다. 1번부터 끝번까지 차례대로 나와서 어떻게든 자
기 목소리를 내질러야 하기 때문입니다. 소극적인 아이들을 배려
해서 교사는 자신이 없는 사람은 자기 생각을 공책에 적어 와서
그대로 보고 읽어도 된다고 안내합니다.

아들러가 말하듯이, 열등감은 사람을 성장시키는 중요한 동력
으로 작용합니다. 수다 떨기 활동에서 그다지 발전이 없는 아이
는 실력도 열등감도 없는 아입니다. 이런 아이는 아무런 준비 없
이 앞에 나와서 대충 시간 때우다 들어갑니다. 성격이 소심해서
열등감이 많은 아이라면, 이 중요한 무대에서 망가지지 않기 위
해 특단의 준비를 해 옵니다. 자기 생각을 짜내고 또 짜내서 최
선의 발표 내용을 공책에 적어 와서 읽습니다. 평소 숙제를 잘 안
해 오는 아이도 수다 떨기에 대비해 열심히 적어 와서 읽곤 합

니다. 해야 할 숙제를 안 하는 아이가 안 해도 되는 과업을 스스로 하는 모습에서 이 활동의 의의를 실감하게 됩니다. 친구들 앞에서 망신당하지 않으려고 혹은 자기 실력을 뽐내기 위해 열심히 준비하는 과정에서 아이들의 사고력이 발전하게 됩니다.

셋째, 학급공동체가 다져집니다.

교육과정은 아이들의 삶을 기초로 구성된 삶 중심 교육과정의 모습을 띨 때 교육 효과가 극대화됩니다. 수다 떨기 활동에서는 아이들 하나하나가 아침활동이란 이름의 교육과정 속의 주인공이 됩니다. 그러다 보니 다른 공부보다 더욱 진지하고 열심히 참여하게 되고 또 특별한 흥미를 품게 됩니다. 교과서 속의 영희와 철수가 아닌 나와 피부 접촉을 하는 친구들이 교육과정에 등장하니 이들의 삶 이야기에 흥미를 품는 것입니다. 친구의 일상 이야기에 흥미를 품으면서 자연스레 그의 가족 관계에 관심을 보이게 됩니다. 이를테면 다음 주에는 친구가 동생과 다툰 뒤에 화해했는지를 궁금해합니다. 급우들의 삶에 흥미와 관심을 품는 사이에 저절로 우애가 쌓이고 관계망의 응집력이 형성됩니다. 나와 너라는 개인성보다 우리라는 감정we-feeling이 싹트면서 끈끈한 인간적 유대에 기초한 건강한 학급공동체가 다져지는 거죠. 교사도 교실공동체의 구성원으로서 권위를 내려놓고 수다 떨기에 참여하는 것이 매우 바람직합니다. 아이들이 담임선생님의 일상 이야기 듣는 것을 굉장히 좋아합니다.

몇 년 전 3학년 담임할 때 수다 떨기 시간에 우리 반 아이들 모두가 깜짝 놀란 일이 있었습니다. 너무너무 내성적이고 소극적인 한 여자아이가 앞에 나와서 자기 이야기를 아주 긴 시간 동안 그것도 큰 목소리로 내지르는 것이었습니다. 이 아이가 여기까지 온 과정을 설명드리고 싶습니다.

처음에는 자기 차례가 될 때 그냥 패스했습니다. 이런 아이에게 억지로 나와 발표하라고 실랑이를 벌이면 아이도 교사도 힘들고 반 분위기도 어수선해집니다. 그런데 어느 시점에서 아이가 짝꿍에게 자기도 발표하고 싶다는 뜻을 비쳤습니다. 자기 혼자 힘으로 못 걷는 아이에겐 목발이 필요합니다. 이런 아이에게는 가장 친한 친구를 '대변인'으로 붙여 줘서 둘이 같이 앞에 나와 발표하게 하면 좋습니다. 첫날은 내가 대변인이 되어 주었습니다.

- 하영아, 어제 뭐 했지?
- 금오산에 갔어요.
- 누구랑 갔지?
- 뭘 봤지?
- 그리고 또 뭘 했어?
- 기분이 어땠어?

이게 1학기 말에 있었던 일인데, 여름방학 끝나고 2학기 수업에서는 또 '침거 모드'로 돌아갔습니다. 아쉽지만, 인내심을 갖고

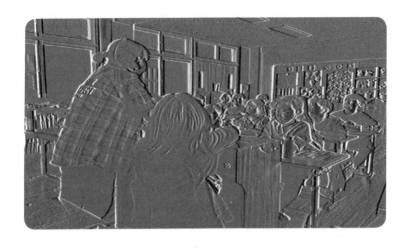

기다려 줘야 합니다. 그리고 2주가 지난 월요일에 다시 말문을 열었습니다. 이번에는 짝꿍이 앞에 나와서 아이를 도왔습니다. 아이가 혼잣말에 가까운 작은 소리로 말을 하면 그것을 급우들에게 전달해 주는 식이었습니다. 그다음 주에는 목소리가 약간 더 커졌고, 2주 뒤에는 제법 크게 나와서 짝꿍이 슬쩍 자리를 뜨니 '가지 말라'며 손을 붙듭니다. 그런데 이야기가 오래도록 줄줄 이어집니다. 그러던 어느 날은 짝꿍이 자기 자리에 들어가고 혼자 남아서 자기 이야기를 실컷 늘어놓습니다. 예의 기어 들어가는 목소리가 아니라 다른 어떤 아이보다 큰 목소리로(우리 반에서 제일 큰 여학생이었습니다) 허스토리herstory를 내지릅니다.

'그녀의 역사'에서 큰 획을 긋는 가히 자기혁명이라 할 일대 사건이었을 겁니다. 성장의 본질은 홀로서기라 하지만, 매개 mediation가 없는 홀로서기는 있을 수 없습니다. 모든 성장은 사회적으로 이루어집니다. 이날 아이가 오랜 잠에서 깨어나 껍데기를 벗고 한 마리의 나비가 되어 비상하기까지 우리 교실공동체의 힘이 컸습니다. 짝꿍도 중요한 역할을 했고 아이의 용기와 이야기에 마음을 모아준 또래 집단도 큰 힘이 되었습니다. 그리고 수다 떨기라는 이름의 특별한 교실 교육과정으로 인해 가능했습니다. 사실, 우리 삶을 돌아봐도 교과서 공부로 우리가 성장한 것은 별로 없습니다. 진정한 성장이 이루어지는 지점은 교과서나 시험지 바깥에 있습니다.

생각 키우기

이 책 전체를 관통하는 두 개의 키워드를 말하자면, 지성과 정신도구입니다. 제가 말하는 지성은 이성과 감성, 지식과 인성이 조화를 이루는 전인격적 발달의 소산입니다. 교육은 이러한 발달을 이끄는 방향으로 경주되어야 하는데, 지성의 발달을 촉진하는 수단이 정신도구입니다.

비고츠키의 명문장 "하나의 낱말은 인간 의식의 소우주다"를 상기해 봅니다. 비고츠키에 따르면, 지성의 발달에 결정적인 역할을 하는 것이 낱말인데, 여러 낱말이 조합된 문장 또한 개인의 정신을 살찌우는 중요한 정신도구로 기능할 것은 당연합니다. 제가 수업에서나 학생들과의 교실살이에서 요긴하게 쓸 특별한 낱말들을 '개념어'로 규정하였듯이, 같은 목적으로 몇몇 문장들을 공들여 지도합니다. 이 교육활동을 저는 '생각 키우기', 일명 '생키'라는 이름으로 해 오고 있습니다.

철학은 지성의 총화입니다. 무릇 단편적인 지식의 축적이 아닌 튼실한 지성, 창조적이고 비판적인 지성은 철학의 형태로 정립됩니다. 지성의 근육을 강화하는 데 요긴하게 쓰일 영양소가 정신도구로서의 문장입니다. 생각 키우기 활동에서 다룰 가치가 있는 문장들로 제가 선정하는 것은 인간 지성의 에센스로 전승되어 온

속담, 명언, 고사성어 따위입니다

위이 사진은 3학년 학생이 생키 수업 내용을 공책에 필기한 것입니다. 저는 3월 첫 주에 생키 수업을 많이 합니다. 이 시기는 교사와 학생이 처음 만나 한 해 동안의 교실살이를 알차고 뜻깊게 하기 위한 기초를 세우는 골든타임입니다. 그 중요성은 "시작이 반이다"라는 속담으로 표상되기에 저는 생키 활동의 첫 주제를 이 문장으로 엽니다. 이어서 "머리도 근육처럼 자꾸 쓰면 발전한다"와 "먼저 온 자가 나중 되고 나중 온 자가 먼저 된다"는 경구를 통해 낮은 성취동기를 지닌 학생들의 분발을 독려하고 공부 잘하는 학생에게는 겸손의 중요성을 일깨워 줍니다. 마지막의 "노 페인, 노 게인"이라는 영어 속담은 저의 소박한 교육철학(앞에서 '동전의 양면 철학'으로 소개한)이 압축적으로 제시된 문장인데, 이 정신도구는 학습지도와 생활지도를 막론한 교실살이의 많은 국면에서 유익하게 쓰입니다. 이를테면 부모의 이혼으로 실의에 빠진 아이에게 이 말은 큰 위로와 용기로 다가갈 것입니다. 가장 좋기로는, 교사의 삶 속에서 아주 힘든 시기를 겪은 뒤 마음의 근육이 형성된 사례를 아이들에게 직접 들려주는 것입니다.

생키 학습 활동은 공책에 따라 적기, 교사의 설명 듣고 이해하기, 토론 및 발표하기, 평가 및 다지기의 과정으로 이루어집니다.

1) 공책에 따라 적기: 다른 수업에서 필기할 때처럼 교사가 컴퓨터로 입력한 문장을 학생이 그대로 받아 적습니다. 낡은 방식이라 생각할 수도 있습니다. 한때는 학습지 형태로 A4 용지에 생키 수업 내용을 입력해서 나눠 주고 공부해 봤는데, 이렇게 습득한 문장은 학생들의 머리에 잘 각인되지 않습니다. 저의 의도는 요즘 유행하는 공부 방식으로 책에서 읽은 좋은 문장을 그대로 베껴 쓰는 '필사'와 비슷한 효과를 염두에 둔 것입니다. '시작이 반이다'와 '머리도 근육처럼 자꾸 쓰면 발전한다'는 문장 위에 붉은색 밑줄과 진한 글씨로 덧씌운 흔적에서 이 공부에 임하는 아이의 진지한 마음을 엿볼 수 있습니다. 단, 필기 내용이 너무 많으면 아이들이 힘들어하기 때문에 최대한 압축해서 제시하는 것이 좋습니다.

2) 교사의 설명: 앞에서 비고츠키 이론을 설명할 때 누차 언급했지만, 학생의 배움에서 교사의 매개는 절대적으로 중요합니다. 생키 학습의 성공 또한 교사의 설명이 얼마나 재미있고 감동적으로 전달되느냐에 달려 있습니다.

3) 토론 및 발표하기: 진정한 배움이 이루어지는 지점은 교사의 설명 내용을 학생이 자신의 말로 풀어낼 때입니다. 생키 토론 학습은 주어진 문장의 의미에 해당하는 생활 속의 예를 모둠 친구들이 집단지성으로 탐구하는 방식으로 전개하면 좋습니다. 이를테면 아이들의 삶에서 "노 페인, 노 게인"에 해당하는 자신의 경험을 떠올려 보게 하는 겁니다.

4) 평가 및 다지기: 고차원적인 배움의 성격상 생키 학습에서 익힌 정신도구들은 여러 차례 반복되지 않으면 학생들의 의식 속에 정착되지 않습니다. 그래서 교사는 의도적으로 생활의 여러 국면에서 이 문장들을 구사할 필요가 있으며, 가끔 쪽지 시험 따위를 통해서 배운 문장들을 상기시켜 주는 게 좋습니다. 뜻밖으로 아이들은 간간이 치르는 쪽지 시험을 굉장히 좋아합니다. 별 부담이 없는 테스트를 통해 나름의 인정욕구를 발산하려는 것으로 이해됩니다.

교사가 학생들의 생각을 키우기 위해 이 가르침을 수행하면

This too shall pass...!

하늘 아래 새로운 것은 없다.

눈은 마음의 창이다.

우직한 사람이 산을 옮긴다

공부도 맛있게!

머리도 근육처럼 계속 쓰면 발전한다

학생의 정신세계에 일대 변화가 일어납니다. 학부모 상담 때 "선생님을 만나고 나서 우리 아이가 부쩍 성숙해진 느낌"이라고 감사의 인사를 건네는 분들이 많습니다. 교사의 설명 속에 흥미와 감동이 실리면 아이는 공책에 문장을 적으면서 머리에도 새깁니다. 어떤 아이는 영혼에 새기기도 합니다. 앞의 사진이 그 방증입니다. 몇몇 아이들이 생키 시간에 배운 내용 중 가장 깊은 감동을 받은 글귀 하나를 학급 네이버 밴드의 상태 표시 글로 제시한 모습입니다. 이 인간 의식의 소우주는 당분간 아이의 인생을 밝히는 등대가 될 겁니다.

음악의 힘

영화 〈사운드 오브 뮤직Sound of Music〉 이야기를 해 보겠습니다. 저는 지금까지 이 영화를 서른 번도 넘게 봤습니다. 우리 교실에서는 금요일 아침활동 시간에 '문화교실'이라는 이름으로 영화 감상을 하는데 이 영화가 매년 레퍼토리에 들어 있기 때문입니다. 러닝타임이 3시간에 가깝지만 아이들도 전혀 지루해하지 않습니다. 그 까닭은 스토리가 전개되는 중간중간에 배치되는 절묘한 반전의 효과 때문인데, 두 장면에서 그것이 극적인 형태로 나타납니다. 첫 번째는 마리아와 아이들이 가까워지는 장면이고 두 번째는 마리아와 대령 사이의 갈등이 풀리는 장면입니다.

권위적이고 강압적인 아버지 때문에 심성이 삐뚤어진 아이들은 마리아에게 좀처럼 마음을 열지 않습니다. 그러던 어느 날 밤 천둥소리에 두려움을 느낀 아이들이 하나둘씩 마리아의 방으로 모입니다. 마리아는 아이들에게, 살면서 힘들 때는 자신이 가장 좋아하는 것을 떠올리면서 어려움을 이겨 내라는 뜻으로 〈마이 페이버릿 띵스My Favorite Things〉라는 노래를 불러주는데, 이를 계기로 아이들의 신뢰를 받고 친화력을 쌓아 갑니다. 이윽고 대령과 백작부인이 여행을 떠났을 때 마리아는 아이들에게 정장 대신 커튼을 잘라서 자신이 직접 만든 편한 옷을 입히고서 야외에서 마음껏 뛰어놀게 합니다. 알프스의 아름다운 자연을 배경으로 마리아가 아이들에 〈도레미Do Re Mi〉 노래를 가르치는 모습은 이 영화에서 가장 유명한 장면으로 아로새겨지죠.

여행에서 돌아온 대령은 지체 높은 자기 집 아이들이 요조숙녀와 신사의 품위를 저버리고 허클베리 핀으로 둔갑해 있는 모습에 경악합니다. 마리아를 밖으로 불러 호되게 다그치지만, 마리아도 물러서지 않고 대령의 권위적인 양육방식을 비난합니다. 급기야 대령이 마리아에게 당장 떠나라는 의사를 표하는 순간, 매혹적인 '음악 소리'가 들려옵니다. 아이들이 부르는 〈사운드 오브 뮤직〉입니다. 노래를 배운 적이 없는 아이들이 자신의 애창곡을 아름답게 부르니 대령은 감격에 휩싸인 나머지 아이들의 앙상블에 참여하고 노래가 끝난 뒤 아이들을 따뜻하게 안아 줍니다. 대령이 그간의 군기반장으로서의 위엄을 내려놓고 따뜻한 부성애의 아버지로 거듭나는 이 장면은 언제 봐도 우리의 눈물샘을 자극합니다.

영화 제목과 같은 이 노래의 제목 '음악 소리sound of music'가 영화 전체를 관통하는 메시지가 아닌가 해석해 봅니다. 영화가 시작할 때 마리아가 알프스산맥의 봄기운에 취해 춤을 추며 부르는 노래도 이 음악입니다. 영화를 관통하는 메시지인 '음악 소리'는 음악의 힘을 상징합니다. 음악의 힘으로 마리아가 얼어붙은 아이들의 마음을 녹일 수 있었고 대령과의 갈등도 풀렸습니다. 그리고 음악 콩쿠르에서 대령이 〈에델바이스〉를 부를 때 나라를 빼앗긴 오스트리아 청중이 따라 부르며 애국심을 고취하는 장면에서도 음악의 힘이 감동적으로 그려집니다.

우리 교실에서 저도 마리아처럼 음악의 힘으로 아이들과 친화력을 형성해 갑니다. 3월 첫 주에 재미있고 감동적인 노래들로 아이들의 얼어붙은 마음을 아이스 브레이킹 합니다. 또한 음악은 교사-학생 관계뿐만 아니라 교실공동체를 튼실하게 다지는 데도 굉장히 중요한 기능을 합니다. 저는 금요일 마지막 수업을 창체(창의적 체험활동) 시간으로 배치하여 신명 나게 노래를 부르며

한 주의 학업에 따른 피로와 스트레스를 실컷 발산하게 한 뒤 헤어집니다. 음악을 매개로 학생집단에 팀워크가 생기고 교실 생활이 활기를 띠게 됩니다.

아름다운 음악이 학생들의 정서를 순화시키고 미적 감수성을 발달시키는 점에서 음악 활동은 그 자체로 중요한 교육적 의의가 있습니다. 요즘 아이들은 걸 그룹 노래에만 흥미를 품을 뿐 교육적인 노래를 안 좋아한다고 생각하기 쉬운데 그렇지 않습니다. 지금까지 제가 가르치는 노래에 흥미와 신명을 내지 않는 아이들은 없었습니다. 사실 체육은 많은 아이가 좋아하지만 싫어하는 아이도 간혹 있는데 음악을 싫어하는 아이는 없습니다. 아도르노T. Adorno는 생래적으로 음악을 좋아하는 인간의 심성을 내적 자연 inner nature이라 일컬었습니다. 아도르노는 내적 자연을 인간 행복의 근원으로 보았습니다. 그래서 저는 학교교육이 추구해야 할 가장 중요한 것이 학생들에게 예술적 체험을 많이 하게 하여 이들이 행복한 삶을 살아가는 힘을 길러 주는 것이라 생각합니다.

아이들이 음악 활동에 흥미와 적극성을 갖게 하려면 교사는 교과서 음악 외에 자신이 지도 가능한 적절한 콘텐츠를 확보할 필요가 있습니다. 그리고 피아노나 기타로 반주할 수 있는 역량을 지녀야 합니다. 특정 곡을 지도할 때 유튜브 영상이나 디지털 반주 음악을 틀어 놓고 따라 부르게 하면 음악적 흥이 반감되기 마련입니다. 반주에서 중요한 것은 조옮김 기능입니다. 음악 교과서의 곡들 가운데 음역이 높아 아이들이 잘 따라 부르지 못하는 것들이 많습니다. 이런 곡을 지도할 때 교사용 지도서에 딸려 오는 CD 반주 음악을 틀어 주면 아이들이 노래를 안 부릅니다. 이러면 음악 수업은 실패하고 음악에 대한 아이들의 흥미도 추락하고 맙니다. 악기로 조옮김을 자유자재로 할 수 없다면 대안으로 기타 반주를 생각할 수 있습니다. 악기 특성상 기타는 조옮김 문제가 쉽게 해결됩니다. 건반악기도 디지털 피아노나 휴대용 전자 키보드 같은 것은 이조(조옮김, TRANSPOSE) 기능이 있으니 간단한 버튼 조작으로 조옮김을 쉽게 할 수 있습니다.

제가 처음 교단에 섰던 1988년에 비해 2020년에는 교육예산이 21.5배나 증가했습니다. 출산율 저하로 학생 수가 줄어든 점을 감안하면 1인당 교육예산은 이보다 훨씬 많이 증가한 것입니다. 이렇듯 교육환경은 예전과 비교가 안 될 정도로 풍요롭게 발전했지만, 가난했던 그 시절보다 지금의 교실에서 더 빈곤한 한 가지가 있습니다. 교실에서 풍금 소리를 들을 수 없는 점입니다. 풍금 혹은 오르간이라 일컫는 이 훌륭한 악기가 대부분의 학교에서 창고 속에 사장되고 있습니다. 제 초임 시절에는 풍금 없는 음악 수업은 생각할 수도 없었으니 어떻게든 피아노 반주법을 익혀야 했습니다. 그런데 지금 IT 기술의 발달로 인해 CD와 mp3에 풍금이 밀려나는 불상사가 만성화되어 있습니다. 사실 음악교육의 원리상 악기 없이 학생들에게 노래를 가르치는 것은 어불성설일 뿐입니다. 새로운 노래를 배우는 과정에서 곡의 특정 부분에서 집중적인 반복 지도가 이루어질 수밖에 없는데, 그 부분을 적당한 템

포의 악기 연주로 시범 보이지 않고 음악을 지도하는 것은 불가능합니다.

음악교육의 중요성을 말한다는 것이 본의 아니게 듣기 불편한 꼰대성 발언으로 흘렀습니다. 용서 바랍니다. 젊은 선생님들이 하루라도 빨리 음악 반주 기능을 익혀야만 하는 이유를 말씀드리며 글을 맺겠습니다.

제 글쓰기 스타일에서 느끼셨겠지만 저는 선천적인 꼰대입니다. 그나마 젊었을 때는 나이 많은 선배들보다 덜 꼰대였기에 별 문제가 없었지만, 지금 원로 교사가 되어서도 제가 아이들과 잘 지낼 수 있는 비결이 있다면, 음악입니다. 제게 약간의 음악적 재능이 없었다면 지금 우리 교실이 어떤 모습일지 생각만 해도 아찔합니다. 음악은 인간의 영혼을 고양시킬 뿐만 아니라 생명에 활기를 부여합니다. 그래서 생물학적 나이와 무관하게 음악을 가까이하는 사람은 젊게 살 수 있습니다. 나이 든 교사도 어린 학생들을 신선한 분위기로 만날 수 있게 하는 그것이 '음악의 힘'입니다.

2. 학생들과 잘 지내기

교사와 학생 사이

쉬는 시간에 실컷 놀다가 꼭 공부 시작하려 하면 "화장실에 다녀오겠다"는 아이들이 있습니다. 예전에는 이런 녀석들을 미워 했는데, 어느 날 문득 아이의 입장에서 이 문제를 헤아려 보니 이런 생각이 들었습니다. 쉬는 시간이 교사에게는 화장실에 갔다오고 다음 시간 수업 준비를 위한 시간이지만, 아이들에겐 '노는 시간'이라는 겁니다. 아니, 40분 공부 시간 동안 꽉꽉 막혔던 숨통을 트는 시간인지도 모릅니다. 이렇듯 '쉬는 시간'에 대한 교사와 학생 사이에 놓인 선명한 입장 차이는 변증법에서 말하는 '모순 관계'를 생각게 합니다.

교실이 교사가 학생을 사랑하는 마음과 학생이 교사를 존경하는 마음이 넘쳐흐르는 이상향이어야 한다는 우리의 바람과는 무관하게 현실 속의 교실은 전쟁터입니다. 교실 상황은 교사-학생 사이의 부단한 게릴라 전투로 점철됩니다. 비단 말썽꾸러기 아이들이 몰려 있는 교실뿐만 아니라 대부분의 교실이 그러합니다. 아무리 착한 아이들과 훌륭한 교사의 조합이라 하더라도 교사-학생 관계는 기본적으로 서로 대립적이고 모순적인 관계이기 때문입니다.

교사와 학생 사이의 역학관계는 구심력과 원심력의 관계입니다. 교사는 어떻게든 학생을 자신의 통제권 속으로 끌어당기려 하고 학생은 여기서 달아나려 합니다. 교사는 태양이고 학생들은 태양 주위를 도는 행성들입니다. 교사의 구심력이 학생의 원심력을 이기지 못하면 교실은 통제 불능의 '엉망진창 교실'이 되고 반대로 교사의 통제력이 너무 세면 아이들이 주눅 든 '무덤 같은 교실'이 됩니다.

대부분의 교실은 어떻게든 구심력과 원심력이 평형상태를 이뤄 갑니다. 그 과정에서 교사의 속이 타들어 가거나 아이들이 스트레스를 받을 수도 있지만, 다행스럽게도 학교에는 방학이라는 휴지기가 있어서 교사와 학생이 내상을 회복해 갑니다.

'구심력-원심력'의 프레임으로 교실 상황을 조망하면 학생의 튀는 행동을 이해할 수 있습니다. 교사를 성가시게 하는 꾸러기들의 행동에 불편을 느끼는 것은 당연합니다. 장난이 너무 심한 녀석들을 미워하고 혼내고 싶은 마음이 드는 것은 정상적인 교사라는 방증입니다. 하지만 반대로 아이들이 너무 차분하고 조용히 지낼 때도 불편을 느껴야 건강한 교사라 할 수 있습니다.

발달 단계상 초등학생들은 몸에 에너지가 넘쳐 주체하지 못하고 지적으로도 새로운 것에 대한 호기심이 왕성하고 탐구 의욕이 강합니다. 교실에서 뛰면 안 된다는 것을 알면서도 자기도 모르게 몸을 빠르게 움직이며, 현재의 상황에 변화를 주면 어떤 모습으로 전개될지 궁금해하며 끊임없이 친구에게 장난을 겁니다. 아이들의 능동적인 신체활동 욕구를 수용하자면 교사가 힘들어지고 또 안전사고의 위험도 있습니다. 그렇다고 통제 일변도의 학급 운영을 펼치면 아이들의 행복과 건강한 성장이 저해됩니다. 교사-학생 사이가 모순관계라는 것은 이런 뜻입니다.

태양의 구심력과 행성의 원심력 사이에 조화를 이룰 때 바람직한 학급 운영을 꾀할 수 있습니다. 교사가 아이들을 덜 미워하고 스트레스를 덜 받으며 아이들을 더욱 자유롭게 성장시키는 비법은 저도 아직 모릅니다. 30년 넘게 선생 해도 이걸 터득하기는 너무 어렵습니다. 다만 일방적인 주도하에 아이들을 끌어당기기만 해서는 안 된다는 것을 늦으나마 깨달은 것은 다행이라 하겠습니다. 예전에 저의 독재 치하에서 힘겨워한 아이들이 적지 않을 것 같습니다. 그 아이들이 아직 저를 기억할까 봐 두렵습니다.

자리 바꾸기: 노마디즘

교실은 아이들의 사회입니다. 이 공동체에서는 모두가 행복해야 합니다. 교실살이에서 구성원들의 행복을 좌우하는 결정적인 요인은 '관계의 형성'입니다. 교실 구성원들이 어떤 방식으로 관계를 맺는가에 따라 교실의 행복과 학생들의 성장에 지대한 영향을 미친다고 봅니다. 이런 관점에 기초하여 제가 추구하는 교육의 지향점은 '집단주의collectivism'와 '노마디즘nomadism'입니다.

저는 우리 교실에서 대부분의 아이가 행복하더라도 그늘진 곳에서 소외된 아이가 단 한 명이라도 있으면, 모두가 불편한 마음으로부터 자유롭지 않아야 한다는 신념을 견지하고자 합니다. 3월 첫 만남에서 아이들에게 이런 취지로 아프리카 코사어 '우분투ubuntu'의 함의를 각인시킵니다. 이러한 나의 교육 신조는 집단주의를 근간으로 한다고 하겠습니다.

집단주의 혹은 공동체주의의 정신을 함양하기 위해 특히 3월에는 많은 활동을 모둠 단위로 합니다. 미술 시간에 그림을 그리거나 만들기 할 때도 모둠 협동 작품을 제작하게 하고, 주지 교과 학습활동도 모둠 토론을 통해 집단지성을 꾀하게 합니다. 이런 식으로 집단 활동을 많이 하게 하면 모둠 친구들끼리 우애가 돈독해질 뿐만 아니라 지적으로도 많은 성장이 이루어집니다. 학업

성취도가 높은 학생과 낮은 학생 모두 발전합니다. 최고의 배움은 남을 가르칠 때 일어나기 때문에 공부 잘하는 아이가 학습력이 낮은 친구를 매개하면서 자신도 성장하게 됩니다.

그런데 사물의 순기능과 역기능은 동전의 양면처럼 같이 가는 법입니다. 집단주의의 순기능 이면에는 전체주의라는 역기능이 도사리고 있습니다. 특정 관계망에서의 유대가 깊어지고 집단 내에서 '우리가 남이가?'라는 의식이 고착화되면, 그 관계망 밖의 어떤 급우를 향한 대상화와 구별 짓기가 발생합니다. 파시즘이 만들어지는 기제가 이런 겁니다.*

그래서 교사는 한 번씩 아이들의 '판'을 바꿔 줘야 합니다. 고스톱 용어로 '판갈이'라 하는 이것을 저는 프랑스 철학자 들뢰즈의 개념을 빌려 와 '노마디즘(유목주의)'으로 일컫겠습니다. 이런 취지에서 분기별로 1회씩 일 년에 네 번 정도는 모둠 판갈이를 할 필요가 있습니다.

---

* 아이들 세계에서 집단주의가 전체주의적 역기능으로 나타나는 전형적인 예가 다른 반 아이들을 향해 품는 배타적인 정서입니다. 이 문제를 해결하기 위한 비책 또한 유목주의에 있습니다. 학반과 학반 사이의 경계를 허물고 학년 전체 학생들이 '우리'로 만나는 겁니다. 혁신학교에서 운영하는 '학년 다모임'이 이런 취지입니다. 동학년 학생들이 우리로 만나기 위해 창체 시간 따위를 이용해서 학년 다모임을 자주 갖게 합니다. 강당에서 학년 다모임을 할 때, 학반별로 모이는 것이 아니라 '두레' 단위로 모입니다. 학년이 총 4개 학급으로 이루어져 있다면, 반별로 A, B, C, D 두레를 편성하여 학년 다모임에서는 같은 두레끼리 모임을 갖는 겁니다. 두레를 편성할 때는 개별 학생들의 운동 기능을 고려하여 고르게 나눕니다. 학년 다모임 때 두레별로 스포츠 경기를 할 일이 많기 때문입니다. 반별로 경기를 하면 다른 반 학생들을 적으로 생각하지만, 두레별로 하면 그런 적대 감정이 형성되지 않습니다. 동학년 교사들이 펼친 유목주의 정책에 말미암아 학급 사이에 놓인 국경선이 허물어지고 전체 학생들 사이에 '우리 의식we-feeling'이 생성됩니다. 경쟁 활동 외에 두레별 장기자랑이나 학예 발표회를 통해 학년 공동체 의식은 더욱 돈독히 세워집니다.

생래적으로 아이들은 기존의 자기 거주지를 벗어나는 '탈영토화de-territorialization'를 즐깁니다. 우리 어릴 적에 소풍 갈 때 얼마나 즐거웠던가요? 요즘 아이들도 그렇습니다. 사실 소풍이든 현장체험학습이든 막상 가 보면 그 장소가 아이들에게 특별한 감흥을 주는 건 없습니다. 오히려 육체적으로 피곤하기만 할 뿐이죠. 그럼에도 아이들 입장에선 학교 울타리를 벗어난 자체로 기쁨입니다.

마찬가지로, 교실이라는 작은 마을 내에서도 아이들은 자기 자리에 변화가 일어나는 것에 흥분합니다. 초등교사는 교실의 피그말리온 왕입니다. 자기 영도領導하의 신민들의 행불행을 좌우하는 절대 권력자입니다. 교사가 아이들을 행복하게 만드는 데는 돈이 드는 것도 건물이나 도구가 필요한 것도 아닙니다. 그저 작은 아이디어 하나를 실천에 옮기는 것입니다. 물론 그 기저에는 아이들을 생각하는 소박한 교육애가 있고, 더욱 중요한 것은 철학입니다. 건강하고 전문적인 마인드에 기초한 교육 실천이 아이들에게 건강한 행복과 건강한 성장을 안겨다 줄 수 있습니다.

교사가 의도한 유목주의 정책으로 교실 내의 관계망을 전면 재구성함에 따라 아이들은 새로운 짝(소집단)과 새로운 모둠(대집단)에서 새로운 공동체 의식을 함께 경작해 가야 합니다. 이를 위해 교사는 어떤 자극을 가할 필요가 있습니다. 제가 의도한 자극은 모둠별 장기자랑대회입니다. 모둠별로 이때껏 '즐거운 노래 교실'에서 배운 노래 부르기(1부 순서)와 악기 연주(2부)를 배치하여 1교시에 열었습니다. 대회라 하지만 순위를 매기는 것이 아니고 공동체의 팀워크를 도모하기 위한 부흥회에 가깝습니다. 공동체 의식을 기르기 위해 가끔 부흥회를 열 필요가 있습니다. 그리고 새로운 관계망에서의 공동체 의식이 너무 익숙해지면 또다시 유목주의 정책을 펼쳐야 합니다.

자리 바꾸기 방법도 중요합니다. 자리를 바꾸는 방법은 A) 교사가 정해 주기, B) 학생 원하는 대로 앉기, C) 랜덤으로 추첨하기가 있습니다. 개별 학생의 특성(시력이 안 좋은 아이, 꾸러기)에 따라 교사가 자리를 정해 주는 것도 필요하지만, 가급적 학생의 자율성을 최대한 존중하는 게 좋습니다. 그래서 B)가 좋을 것 같지만, 여기에도 함정이 있습니다. 앉고 싶은 대로 앉게 하면 소외되는 아이가 생겨나고 평소에 친한 아이들끼리 앉기 때문에 '노마디즘'의 취지가 무너집니다. 이러한 단점을 예방하면서 학생들에게 선택권을 주는 두 가지 미덕을 동시에 충족하는 방법이 C)입니다. 학급의 남녀 학생이 반반씩이라면 남자아이들의 이름이 적힌 용지를 접어서 종이상자에 넣은 뒤 여학생이 한 사람씩 나와서 자기 짝꿍을 뽑게 하는 것입니다(다음 판갈이 때는 남녀 역할 교대). 종이를 뽑아 든 아이는 그 속에 누구 이름이 적혔을지, 또 앉아 있는 아이는 혹 내가 저 아이의 짝꿍이 될지 가슴 졸이는 상황은 스릴 그 자체입니다. 그래서 모든 아이가 재미있어하고 이러한 작은 흥밋거리들이 교실 행복의 밑거름이 됩니다.

나의 삶을 돌아볼 때, 나의 성장은 나와 마음이 잘 맞는 사람보다는 나와 다른 사람으로부터 말미암은 바가 더 큽니다. 물론 정서적 안정을 위해 마음이 맞는 절친은 꼭 필요합니다. 하지만 안정을 희구하는 삶은 프로이트의 개념으로 '퇴행'으로 이어집니다. 이런 맥락에서 들뢰즈는 우리에게 정주형定住型 삶을 버리고 탈주형 삶을 살라고 주문합니다. 균형과 불균형, 안정과 불화는 적절히 섞여야 합니다. 그런데 아이들 스스로 불균형과 불화를 선택할 리가 없습니다. 교사가 매개해 줘야 합니다. 균형과 조화를 이루었다 싶으면 적절한 타이밍에 판갈이를 해 주는 겁니다.

해변의 조약돌이 아름답게 다듬어지는 것은 서로 부대낌을 통해서입니다. 그 부대낌은 파도가 돌멩이들을 들었다 놓을 때 많이 일어납니다. 교실에서 교사는 파도가 되어 한 번씩 아이들의 관계망에 변화를 줄 필요가 있습니다.

교육적으로 장악하기

어느 해에 3학년 담임할 때였습니다. 3월이 끝날 무렵, 수업 시간에 반항하는 한 녀석과 맞닥뜨렸습니다. 첫날부터 계속 심기를 어지럽히던 전형적인 주의산만형型 말썽쟁이인데, 영어 수업 시간에 딱 걸렸습니다. 명백히 자기가 잘못한 상황임에도 잘못을 인정하지도 않고, 뒤틀린 심사에 제가 내준 알파벳 쓰기 과업도 이행하지 않으며 흡사 '나는 당신 말 안 듣겠소!'라는 식의 저항적 태세를 보였습니다.

반 전체 아이들이 교실 내에 비상한 기류가 흐르는 것을 감지하여 숨죽이며 상황을 주시하고 있었습니다. 아이들은 내가 크게 혼낼 것으로 생각했을 것입니다. 조용히 아이를 복도로 불러냈습니다. 다른 아이들은 과업 수행에 몰두하고 있는 상황입니다. 차분히 '나-메시지I-message' 기법으로 아이를 타일렀습니다. 이런 상황에서 의표를 찌르는 교사의 태도에 웬만한 아이들은 다 넘어오게 되어 있습니다.

이러한 대치 국면에서 아이가 품는 심사는 교사에게 크게 혼나는 것보다 자신의 자존감을 지키는 것을 더 중요하게 여기는, 딴에는 비장한 마음입니다. 나쁘게 말해 버르장머리가 없는 녀석이지만 좋게 보면 결기가 있는 것입니다. 이런 상황에서 교사는 교실이라는 공적인 상황을 벗어나야 합니다. 아이나 교사 둘 다 대중의 시선이 불편하긴 마찬가지입니다. 교사 입장에선 아이들 보는 데서 권위를 지키기 위해 아이를 진압해야 하고 아이는 아이대로 자존감을 보존하기 위해 계속 저항적인 자세를 견지해야 하는 것입니다. 이 강대강의 국면에서 교사는 이겨도 본전입니다.

몇 분 뒤 웃으면서 각자의 자리로 귀환했습니다. 그러나 여기서 그치면 안 됩니다. 아이를 남겨서 후속 대화의 장을 마련해야 하는데, 중요한 것은 진정성입니다. 아이에게서 진심으로 뉘우치는 회개의 변을 끌어내야 합니다. 그러기 위해서는 교사도 잘못을 인정해야 합니다. "그래, 선생님이 조금 과한 것도 있었다. 네가 화난 이유를 나는 안다. 하지만…."

사실 오늘 저도 화가 머리 꼭대기까지 치밀어 올랐습니다. 하지만 참았습니다. 이성적으로 아이 행동의 인과관계라든가 나의 거친 행동이 야기할 이런저런 비교육적인 결과들이 눈에 보였기 때문입니다. 화를 내면 지는 것이라 합니다. 다른 누구보다 교사에게 이 말은 절대적으로 옳습니다. 준엄하게 꾸짖을 상황에서 교사가 자기 분을 못 참고 아이에게 화를 내면 아이에게 지는 것이고 자신에게 지는 것입니다. 교육적으로 옳지 않기 때문입니다.

아이는 아이이고 교사는 교사입니다. 사실 대치 국면에서 교사가 아이에게 화를 내는 것은 교사가 아이를 대등한 상대로 격상시키는, 아니 자신을 아이 수준으로 격하시키는 행위나 마찬가지입니다. 교사가 아이와 똑같아져서는 안 됩니다. 아이와의 갈등 상황을 바람직한 방향으로 해결하는 열쇠는 오직 교사에게 달려 있습니다.

화를 내면 지는 겁니다. 끓어오르는 분노를 추스르고, 교육적으로 아이를 장악해야 합니다. '교육적으로 장악하기'에서 방점은 '장악'이 아니라, '교육적'에 있습니다. 교육적으로 장악하기는 흔히 '감화'라고 일컫는 그것입니다.

교사의 분노 조절 문제

혹 요즘도 교대나 사대에서 교사론 강의 때 사랑으로 학생들을 가르치기를 강조하는 교수님이 계시는지 모르겠습니다. 사랑으로 교육하라는 것이 뭐가 나쁜가, 하겠지만 교권이 바닥에 내려앉은 지금 우리 교사들에게 이 말은 전혀 가슴에 와닿지 않는 실정입니다.

제 초임 시절인 팔구십 년대와 지금의 학교 현장은 상전벽해桑田碧海라는 문자 그대로 완전히 딴판입니다. 급격한 변화 양상 가운데 가장 두드러진 것은 교사-학생, 교사-학부모의 역학관계 전도일 것입니다. 사실 예전엔 교사들이 학생들을 너무 가혹하게 대했습니다. 폭력과 인격 모독을 일삼으며 학생들의 인권을 유린했습니다. 하지만 지금은 교사가 학생에게 꿀밤을 한 대 주는 것조차 폭력으로 간주되어 교사들이 학생 지도에 적극적으로 나서지 못하게 됩니다. 그 필연적인 결과, 선생 무서운 줄 모르는 악동들의 고약한 행신머리는 하늘을 찌르고 반대로 교사들은 극심한 스트레스 속에 자존감이 추락하고 있습니다.

교사도 감정을 지닌 사람인 이상, 학생 교육을 하는 과정에서 정말 못된 악동과 부대낄 때 한 대 쥐어박고 싶은 마음이 들기 마련입니다. 그런 아이까지 사랑으로 가르치라는 건 위선입니다.

그럼에도 교사는 끓어오르는 분노를 삭이며 자기조절을 꾀합니다. 사랑으로 가르치기 위해서가 아니라 그로 인해 닥칠 후과가 두려워 참습니다.

간혹 자신의 화를 못 다스리고 폭발하는 바람에 이런저런 불편을 겪는 교사들이 있습니다. 자세한 내막을 들어보면, 내가 그 상황에 처했더라도 그렇게 하고 말았겠다 싶은 경우가 많습니다. 그래도 참아야 합니다. 사랑으로 가르치기 위해서가 아니라 어떻게든 살아남기 위해 참아야 합니다.

소수이겠지만, 어떤 교사들은 자주 그런 과오를 범하곤 합니다. 욱하는 성질 탓에 분노 조절이 잘 안 되는 분들입니다. 아주 드물게는 분노 조절 장애에 해당하는 경우도 있을 겁니다. 하지만 우리가 그런 사람을 장애로 규정하고 우리 스스로를 정상으로 간주하는 우를 범하지 말아야 합니다. 그 근거로 프로이트의 다음과 같은 말을 눈여겨봤으면 합니다.

> 비정상과 정상의 차이는 정도의 차이이며, 전자에게 나타나는 경향은 후자에게도 나타나는 경향성이 과도한 형태로 나타난 것에 불과하다.

어느 교실이든 교사에게 심한 스트레스를 안기는 아이가 있기 마련입니다. 그런 아이에게 분노를 품지 않는 교사는 없습니다. 다만 정도의 차이가 있을 뿐이죠. 저는 지금보다 훨씬 젊었을 때도 그랬고 지금도 여전히 그렇습니다. 그런데 화를 표출하는 전술적 측면에서 예전과 달라진 점이 몇 가지 있습니다.

첫째, 교사-학생 관계를 돌이킬 수 없는 극단적인 언행을 삼갑니다. 아무리 화가 나도 폭력을 쓴다거나 아이의 인격을 심하게 모독하는 말은 내뱉지 말아야 합니다. 이는 학생에게도 큰 상처를 남기지만, 교사 자신의 인격을 스스로 망가뜨리는 점에서 정녕 심각한 과오일 뿐입니다.

둘째, 내게 심한 상처를 안긴 아이에게 공격기제를 발동할 때는 교실을 벗어나 학년 연구실로 데려가서 그간 참고 참았던 나의 감정을 최대한 비폭력적으로 풀어냅니다. 상황을 벗어나 다른 장소로 옮기는 과정에서 폭발 일보 직전의 화가 풀려 교사가 이성을 되찾을 수 있는 점에서도 이 방법은 매우 유익합니다. 그리고 집단 내에서 교사의 권위를 지키기 위해 교실에서 바로 훈계를 할 때는 나-메시지를 써서 준엄하게 꾸짖는 것도 좋겠습니다. 교사를 성가시게 하여 수업 분위기를 해치는 악동은 선량한 학생 대중에게도 적개심을 유발할 것이기에, 학생들은 교사가 연출한 권선징악勸善懲惡의 역할극을 통해 건강한 쾌감을 얻고 정의감을 학습할 수 있을 것입니다. 반대로, 악동을 향해 버럭 화를 내며 교실을 공포 분위기로 몰아가는 교사는 학생집단으로부터 공감과 신뢰를 상실하게 되고, 그 당연한 귀결로 유사시에 고립무원의 늪에 빠져들고 맙니다.

셋째, 전투를 치른 뒤에는 아이를 그냥 집으로 보내지 않고 남겨서 반드시 면담 시간을 갖습니다. 앞의 첫째와 둘째 원칙을 지켰더라도 이렇게 해야 하고 지키지 못했다면 더욱 이렇게 해야만 합니다. 교사 자신의 안위도 안위지만 학생의 성장을 위해 이렇게 해야 합니다. 이 과정을 빠뜨리면 교사의 행위는 학생 지도나 훈육이 아니라 그저 감정의 배설에 그치고 맙니다.

'사랑으로 가르치기'는 고금을 막론하고 교육자가 새겨야 할 지고의 원칙인 것은 분명합니다. 하지만 전쟁터를 방불케 하는 오늘날의 교단에서 교사가 모든 아이를 사랑으로 가르치기는 불가능합니다. 교사는 성자 성녀가 아니라 그냥 사람 선생입니다. 사람이 화가 치밀어 오르면 풀어야 합니다. 그게 정신건강에도 이롭습니다. 단, 교사의 '화풀이'는 교육적 입장을 견지할 때 정당화될 수 있습니다.

순간의 화를 못 참고 곤경에 처한 후배 교사들을 볼 때마다 안타깝기도 하고 미안한 마음도 듭니다. 과거의 나는 그보다 훨씬 심한 과오를 저질렀는데도 이렇게 멀쩡히 살아남았으니 말입니다. 교사가 악동을 향해 분노를 품는 것은 정신적으로나 교육적으로도 건강하다는 신호입니다. 그런 면에서 학생인권은 강조되고 교권은 무시되는 교육 현실에서 살얼음판을 걷는 우리 모두는 '잠재적 징계 대상자'라 하겠습니다. 좋은 교사의 길을 가기 위해 우선 살아남기를 걱정해야 하는 우리 선생님들, 화가 머리 꼭대기까지 치밀어 오를 때 위에서 제시한 저의 소박한 경험칙을 기억해 주시기 바랍니다.

그래도 체육은 해야 한다

3월 새 학년이 시작될 때 학생들이 그러하듯 교사들도 어떤 행운을 기원합니다. 학생들이 선한 담임을 만나길 바라는 만큼이나 교사들도 선한 아이들을 만나기를 바라는 마음이 있습니다. 2월 말 동학년 교사들이 학생 명부가 담긴 편지 봉투를 선택할 때 이 운명이 갈라지는데, 올해 제겐 운이 따르지 않았습니다. 이번 5학년 아이들이 대체로 순한 편인데, 4개 반 가운데 유독 우리 반에 교사를 힘들게 하는 꾸러기들이 많이 모여 있습니다. 그나마 여학생들은 하나같이 심성이 고운 데다 교사를 생각하고 도우려는 마음을 지닌 아이가 많아서 큰 힘이 됩니다.

남학생들도 장난기가 많을 뿐 대체로 기질이 온순해서 평소 아이들끼리 다투거나 폭력성을 보이는 일은 잘 없습니다. 그런데 체육 시간만 되면 거의 매번 사달이 납니다. 체육 시간엔 늘 피구나 발야구 같은 게임을 하는데 아이들의 지나친 승부욕 탓에 불화가 빚어집니다. 체육 선생님의 말씀으론, 우리 반에 승부욕이 강한 아이들이 많다고 합니다.

이런 풍경은 전국의 모든 초등학교 교실에서 흔히 볼 수 있는 현상으로 딱히 새삼스러울 게 없는 일이기도 합니다. 하지만 올해 제가 특히 힘든 것은 일주일에 세 시간인 체육 수업 중 한 시간을 담임교사가 떠안아야 하기 때문입니다. 체육 전담 수업 마치고 교실에 돌아온 아이들이 투덜투덜 쏟아 내는 불평과 고자질을 들어주고 풀어 가는 것도 힘든데, 내가 직접 광란의 현장에 뛰어들어 이런저런 악성 민원을 처리해야 하는 게 여간한 고역이 아닙니다. 제가 이 입장이 되어 보니 비로소 체육 전담을 맡으신 선생님들의 고충을 깨닫게 됩니다!

직접 체육 수업을 하면 악성 민원을 처리해야 할 뿐만 아니라 그 직접적인 타깃이 돼야 하는 게 가장 힘듭니다. 게임으로 시작해서 게임으로 마치는 체육 수업에서 교사의 역할은 심판 보는 게 전부인데, 승부욕의 화신이 된 악동들에게는 아무리 공정하게 경기를 진행해도 어느 한쪽으로부터 욕을 먹을 수밖에 없습니다. 교사도 감정을 지닌 사람인지라 이럴 때마다 화가 나고 속이 상합니다. 발야구 공을 마음껏 뻥뻥 차라고 강당 아닌 운동장으로 인도하여 오뉴월 뙤약볕 아래 고생하는 교사의 마음은 헤아려 주지 못할망정 상처를 안기는 몇몇 악동들이 야속하기만 합니다.

체육 수업 뒤 학급 대화 시간을 마련합니다. 교사는 자신이 최선을 다해 공정하게 심판을 보려 한다는 것, 판정에 불만을 품는 일부 아이들의 판단은 승부욕에 기초한 주관적인 사고에 지나지 않는다는 것을 학생들에게 일깨웁니다. 절대다수의 아이들은 교사의 이 말이 지당하다는 반응입니다. 소수의 불평분자 또한 이성적으로는 인정하지만 정서적으로는 수용하지 못하는 표정입니다. 패배에 따른 비통한 감정이 아직 가시지 않았기 때문입니다. 교사는 교실공동체의 평화를 해치는 개인적 일탈 행위의 심각성을 환기시키며, 다음에 또 이런 사태가 발생하면 담임 체육 시간을 이론 수업으로 돌린다는 선포를 합니다.

하지만 이런 사태는 계속 반복되고 또 다른 체육 시간이 다가올 무렵 문제를 일으킨 꾸러기가 교사에게 넌지시 다가가 "선생님, 제가 잘못했습니다. 다시는 안 그럴 테니 한 번만 봐주시고 오늘 체육 밖에서 해요!"라고 애교를 떨면 교사는 못 이기는 척하고 어린 양들을 풀밭으로 데리고 나갑니다. 이건 교사의 변덕이 아니라 다음과 같은 교육적 확신에 터한 예정된 수순일 뿐입니다.

아무리 속이 상해도 체육은 꼭 해야 합니다! 학교 공부 마치고 늦도록 학원 공부까지 해야 하는 우리 아이들, 심신이 지쳐 있는 이 아이들에게 가장 필요한 것은 마음껏 뛰어노는 겁니다. 특히 코로나19 이후 어디 잘 다니지도 못하고 집에서 지낸 시간이 길었던 탓에 운동량이 절대적으로 부족합니다. 아이들의 신체적 정신적 건강을 위해 최소한 체육 시간을 통해서라도 몸을 많이 움직이게 해 줘야 합니다.

여기까지는 체육 교육의 중요성에 대해 누구나 아는 진부한 당위론에 지나지 않습니다. 계속해서, 요즘 학교에서 강조하는 민주시민의식의 함양을 위해서라도 아이들에게 신체활동, 특히 스포츠 게임의 기회를 많이 제공해야 한다는 말씀을 드리고자 합니다. 그 전에 약간의 머리 아픔이 요구되는 이론 이야기로 말문을 열겠습니다.

민주시민의식은 역량의 문제이기 앞서 자질의 문제입니다. 토론 기술이 아무리 뛰어난 들 상대방의 말을 귀담아들을 자세가 되어 있지 않은 사람은 민주시민의식과 거리가 멀다 하겠습니다. 그래서 저는 민주시민의식을 "더불어 살아가는 모둠살이에서 이웃을 존중하고 배려하는 가운데 나의 입장을 관철해 가는 삶의 태도"로 규정하겠습니다.

입장이 다른 둘 이상의 주체들이 함께 무엇을 하다 보면 갈등을 빚기 마련입니다. 사람은 누구나 자신의 주관적 입장(주체성 subjectivity)에 충실하여 상대방을 대하기 때문입니다. 그런데 나의 입장에서는 내가 주체subject이고 상대가 객체object이지만, 상대의 입장에서는 거꾸로 그가 주체이고 내가 객체가 됩니다.

두 주체가 서로 자신의 주체성에 충실한 나머지 상대를 오직 객체로만 마주하는 관계에서는 갈등이 해결될 수 없습니다. 이때는 목소리 큰 사람, 힘센 사람이 약한 사람을 억누름으로써 문제가 일단락됩니다. 사회사상사에서 홉스가 자연상태의 인간을 "만인이 만인에 대해 투쟁을 벌이는 존재"로 규정한 것이 이것과 관계있습니다. 홉스는 사람들이 불안한 자연상태를 벗어나기 위해 계약을 맺어 사회상태를 이루었고 안전을 확실하게 보장받기 위해 권력자(군주)에게 통치권을 양도했다고 설명합니다.

사실 교실 상황이 홉스가 말한 만인이 만인에 대해 야수가 되어 으르렁거리는 자연상태에 가깝습니다. 이 '동물의 왕국'의 안

전은 담임교사라는 군주에게 달려 있습니다. 그런데 민주시민교육이라는 맥락에서, 교실에서 학생들 사이에 발생하는 갈등 상황에서 교사가 강력하게 개입하여 교사 직권으로 갈등을 무마시키는 것은 바람직하지 않습니다. 이것은 갈등 사태의 '해결'이 아니라 '진압'으로서, 교사가 학생들에게 민주주의가 아닌 독재를 학습시키는 점에서 안 한만 못한 교육이 됩니다. (아이들의 다툼에서 교사의 개입 자체가 나쁘다는 뜻은 아닙니다. 미성숙한 저학년 아이들의 다툼에선 교사가 적극적으로 개입할 필요가 있을 겁니다. 고학년 아이들의 경우, 교사의 역할은 해결사가 아닌 중재자여야 한다는 말을 하고자 했습니다.)

어른이든 아이든 민주시민의식은 모둠 구성원들이 스스로 갈등을 풀어 가는 과정에서 길러집니다. 그러기 위해선 나와 너의 두 주체가 상대방을 객체로만 대할 것이 아니라 서로 대등한 주체로 존중하는 가운데 소통해야 합니다. 이것이 하버마스의 상호주관성intersubjectivity 개념입니다. 하버마스에게 소통 행위communicative action는 '서로 부대낌(상호작용)interaction'과 동의어입니다.Andrew Edgar, Habermas: the Key Concepts, Routledge, 2006, p. 75 민주적으로 소통함은 상호주관적으로(서로의 주체성을 존중하며) 부대끼는 것을 의미합니다.

발달 단계상 자기중심성이 강한 아이들에게 처음부터 상호주관성을 기대할 순 없습니다. 또한 이 자질은 교과서 공부가 아닌 생활세계에서 직접 부대끼면서 몸으로 배울 수밖에 없습니다. 다툼이라는 '불편한 체험학습'을 통해 자기중심성을 조금씩 줄이면서 상호주관성의 중요성을 깨우쳐 가는 것입니다.

이런 까닭으로, 갈등 사태와 유리된 민주시민 교육은 생각할 수 없습니다. 그런데 그 불편의 강도가 너무 센 체험학습, 이를테면 폭력이 수반되는 갈등은 피하는 게 최선이지 이를 통해서는 어떤 배움을 기대할 수 없습니다. 그래서 경미한 데미지의 체험학습이 요구됩니다.

학교에서 학생 주체들 사이의 갈등을 통해 상호주관적으로 소통하는 역량을 기르기 위한 최적의 체험학습 조건을 갖추고 있는 것이 체육 수업입니다. 스포츠를 매개로 한 다툼은 교실에서 일어나는 다른 갈등들과는 달리 승부욕에서 비롯된 감정조절의 문제가 주를 이룹니다. 때문에 폭력 사태로 비화되는 경우는 잘 없으며 또 휘발성이 강해 대부분 시간이 지나면 감정의 앙금도 저절로 사라집니다. 하지만 감정 조절을 못해서 교사와 동료에게 상처를 안기며 공동체의 팀워크를 해치는 악동들의 비행은 개선되어야 합니다.

문제의 답은 항상 문제 속에 있습니다. 스포츠 게임에서 감정조절을 못 하는 아이들의 과오는 의외로 손쉽게 교정할 수 있습니다. 아이들의 과잉 정서는 지나친 승부욕에 기인하는데, 승부욕이 강한 아이들은 스포츠 게임에 대한 남다른 욕망을 지닌 아이인 법입니다. 따라서 이런 아이에게는 '게임의 지속'이라는 유쾌

자극을 제거함으로써 과잉 감정의 재발 빈도를 줄이는 부적 처벌 negative punishment 전략이 주효합니다.

이 전략을 강구하기에 앞서 교사는 사전에 학생집단과 학급회의(상호주관적 소통) 시간을 갖습니다. 즐거워야 할 체육 시간이 몇몇 아이들의 과잉 정서 분출로 인해 모두가 불편을 느끼고 학급공동체가 손상되는 문제의 심각성에 대해 공유합니다. 교사는 회의를 주재할 뿐 학생들의 자발적 참여를 독려하여 자율적으로 의견을 개진하도록 합니다. 회의를 통해 교사와 학생 모두가 즐거운 체육 수업을 위해 해서는 안 될 행동의 유형과 그에 따른 벌칙을 정합니다.

우리 반에서는 운동 기능이 부진한 동료를 비난하거나 상대 팀을 불필요하게 자극해서 학급 공동체의 유대를 해치는 행위가 빚어지면 바로 게임을 중단하여 5분 내외의 집단 자숙 시간을 갖습니다. 게임 진행을 유예하는 일종의 모라토리엄 선언인데, 일분 일초가 아까운 과잉 체육 욕구를 지닌 열성분자들에게 이 선언은 청천벽력으로 다가갑니다. 그래서 교사가 열을 내지 않아도, 비고츠키의 개념으로 자기네들끼리 스스로를 규율하거나(자기조절self-regulation) 동료를 규율합니다(타인조절other-regulation).

부적절한 행동의 수정에서 최고 형태는 당사자가 성찰을 통해 자기조절을 하는 것입니다. 그다음으로 바람직한 것이 또래가 또래를 규율하는 타인조절입니다. 게임에서 자기 팀의 또래가 다른 또래를 타인조절 할 때 효과는 증대됩니다. 또래의 타인조절은 이

내 당사자의 자기조절로 이어질 겁니다. 욱하는 성정을 지닌 정원이를 향해 죽이 잘 맞는 같은 편의 영일이가 몇 차례 타인조절을 해 줍니다. 그랬더니 나중에는 화를 낼 타이밍에 정원이는 영일이를 향해 '걱정 마라. 내가 참을 테니!'라는 뜻의 시선을 보냅니다. 이 훈훈한 모습은 오직 스포츠 활동에서만 볼 수 있는 감동적인 풍경일 겁니다.

행동 수정에서 효과가 가장 적은 것은 교사가 학생을 직접 규율하는 형태(교사조절)입니다. 부적절한 행동을 보인 학생에게 즉시 교사가 질책하는 것은 고학년 아이들에겐 기껏해야 잔소리로 다가가며 많은 경우 교사와 학생 사이의 관계만 나빠지는 우를 범하게 됩니다. 몇 년 전까지만 해도 제가 이런 모습을 보였습니다. 젊었을 때는 실천하지 못한 일인데, 원로 교사가 되어 그것도 고학년 담임하면서 화를 내지 않고 아이들과 상호주관적으로 소통하는 것이 가능하다는 것을 깨달으면서 저 역시도 놀라게 됩니다. 아무리 속이 상해도 체육을 꼭 해야 하는 마지막 이유가 이겁니다. 교사와 학생이 상호주관적으로 만나는 교실에서 교사는 학생과 함께 성장합니다.

예전보다 덜 나쁜 교사 되기

강원도에 여행 갔다가 카지노에 빠져 돈을 잃는 것도 부족해 직장과 가정까지 잃게 된 사람들이 많다고 합니다. 그런 뉴스를 접할 때 카지노의 어떤 점이 멀쩡한 사람을 망가뜨릴까 하는 생각을 품게 됩니다. 여러 가지 이유가 있겠지만, 이 글과 관련하여 저는 개인의 '성찰 능력'을 마비시키는 카지노의 구조에 초점을 맞추고자 합니다.

카지노에는 사람이 거주하는 보통의 건물에는 반드시 있는 세 가지가 없다고 합니다. 시계와 창문 그리고 거울입니다. 시계와 창문이 없으면 고객은 시간 가는 줄 모르고 밤새도록 주머니가 털립니다. 저는 이 세 가지 가운데 가장 치명적인 것이 거울이라고 생각합니다. 거울이 없으면 영혼까지 털리기 때문입니다. 교사가 카지노를 들락거릴 일은 없지만, 사람이 자기 검열을 게을리하면 누구나 망가질 수 있기에 이를 반면교사 삼자는 뜻에서 다소 불편한 주제로 글을 열었습니다.

만물의 영장으로서 다른 동물과 구별되는 인간의 속성을 호모사피엔스라 이릅니다. 라틴어로 'homo sapiens'는 '지혜로운 인간'이란 뜻이죠. 인간이 다른 동물들보다 지혜로울 수 있는 것은 생각하는 능력을 지녔기 때문입니다. 동물들도 기초적인 생각은 합니다. 비고츠키의 용어로 하등정신기능이라는 겁니다. 이에 반대되는 고등정신기능은 오직 인간만이 지닌 사유 능력입니다.

비고츠키는 인간의 고등정신이 자발적 주의력voluntary attention에 말미암아 발달한다고 했습니다. 자발적 주의력은 메타인지metacognition와 맞닿아 있습니다. 'meta-'는 '~ 위에 있는' 또는 '~를 초월하는'이라는 의미여서 메타인지는 '인지 위의 인지', 즉 인식 주체가 자신의 인식을 인식하는 것을 뜻합니다. 우리가 살면서 가끔 '내가 왜 이러지?'라거나 '내 판단이 맞나?'라는 생각이 들 때 메타인지가 작동되는 것입니다. 메타인지는 또한 학습의 성패를 좌우하기도 합니다. 학습 능력이 낮은 아이들은 대부분 자신의 앎을 알지 못합니다. 자신이 무엇을 알고 무엇을 모르는지를 알아야만 현재 아는 것을 바탕으로 잘못 알고 있는 것을 바로잡아 갈 수 있는데, 이에 대한 분별력이 없으면 문제를 해결할 수 없는 것입니다.

수학 문제는 메타인지를 가동하여 쉽게 해결할 수 있습니다. 연습장에 내가 방금 풀이한 계산 과정을 내 눈으로 확인할 수 있기 때문입니다. 그런데 삶에서 만나는 문제들은 수학에서 계산 과정에 해당하는 정신과정을 내 눈으로 볼 수 없기 때문에 더 높은 수준의 메타인지가 요구됩니다. 성찰 또는 반성이라는 이름의 정신기능입니다.

성찰에 해당하는 영어 단어 reflection은 reflex(반사)와 같은 어원으로 '등을 구부리다, 반사하다, 반영하다, 비추다'의 뜻을 품고 있습니다. 카지노에 거울이 있으면 고객은 거울에 반사된 자신의 일그러진 얼굴을 보고 성찰과 반성을 하게 될 것입니다. 고객의 그런 자세는 카지노 업주에게 바람직하지 않기에, 거울을 없 앰으로써 성찰을 못 하게 하는 것입니다.

카지노에서 돈독이 올라 있을 때는 얼굴이 일그러진 상태일 것이기에 거울에 비친 내 모습을 확인하는 것으로 망가져 가는 자아를 인식하기가 쉽습니다. 하지만 정상적인 일상에서 사람은 자신이 변질되어 가는 것을 직시하기 어렵습니다. 그래서 모니터 링이라는 무형의 거울이 필요합니다.

미드G.H. Mead는 자아를 주체적 자아(I)와 객체적 자아(me)로 구분했습니다. 주체적 자아는 자신이 생각하는 나이고, 객체적 자아는 다른 사람의 눈에 비친 나입니다. 주체적 자아와 객체적 자아는 그 자체로는 어느 쪽이 더 바람직하다고 말할 수 없습니다. 주체적 자아가 강한 사람은 소신 있는 사람일 수도 있고 고집 불통일 수도 있습니다. 객체적 자아를 많이 의식하는 사람은 겸손한 사람일 수도 있고 자존감이 낮은 사람일 수도 있습니다. 사람은 대개 어릴 때는 객체적 자아의 영향을 많이 받지만, 나이가 들면서는 '마이 웨이'를 가게 됩니다.

교사가 소신이 있는 것은 좋은 자질입니다. 하지만 그 소신은 교무실에서 발휘해야지 교실에서는 아닙니다. 교실 수업에서 소신을 내려놓으라는 것이 아닙니다. 학생들과의 상호작용에서 절제하자는 겁니다. 우리는 어제보다 내일 더 나은 교사가 되고 싶다면 학생들의 눈에 비친 객체적 자아를 의식할 필요가 있습니다. 제 경우는 한 학기에 한 번씩 수업과 학급 경영에 관한 모니터링을 시도하여 저의 교육 실천을 성찰합니다.

곧 육십을 바라보는 지금 교사로서 그간 아이들 눈에 비친 저의 객관적 자아를 돌아보건대, 저는 이삼십 대엔 아이들에게 좋은 선생님이었고 사십 대엔 나쁜 선생님이었습니다. 이삼십 대엔 젊다는 이유만으로도 학생들에게 인기 많은 선생님일 수 있었습니다. 사십 대엔 이삼십 대보다 10~20년 더 나이가 들었음을 계산하지 못하고 여전히 아이들에게 젊고 매력적인 교사일 것이라 착각했습니다. 그런 착각만으로 그치면 나쁘지 않으련만, 이삼십 대보다 실력이 더 늘었기에 유능한 교사일 테니 아이들도 나를 그렇게 생각하리라 믿었습니다. 설령 그렇게 생각하지 않더라도 괘념치 않고 씩씩하게 내 갈 길을 갔습니다. 가장 나쁜 것은 적잖이 권위적인 방식으로 학생들을 대했던 점입니다.

오십 대에 접어들어 나이를 의식하면서 처음으로 어떤 위기의식을 느끼기 시작했습니다. 하지만 인간지사 새옹지마인지라, 위기는 곧 기회입니다. 아이들이 나를 어떻게 바라볼까 하는 객체적 자아의식이 발달하면서 비로소 성찰적인 교실살이를 영위할 수 있었습니다. 올해 제가 맡은 아이들 가운데 1/3은 재작년 3학년 때도 담임했던 아이들인데, 그때보다 지금 조금 덜 나쁜 꼰대로 아이들을 만나고 있다고 자평해 봅니다. 그리고 작년보다도 아주 조금은 더 유능하고 친절한 교사가 된 것 같은 느낌입니다. 내년에도 5학년을 하면 2년 전에 3학년 담임을 했던 아이들을 다시 만나게 됩니다. 그때에 비해 내가 또 얼마나 더 성장한 모습일까 생각하니 마음이 설렙니다.

인간은 타고난 자질이 아무리 훌륭할지라도 저 혼자서는 좋은 사람이 못 됩니다. 좋은 사람은 나 스스로가 좋다고 판단해서가 아니라 공동체로부터 그렇게 인정받을 때 되는 것이기 때문입니다. 카지노에 거울이 없듯이, 교실공동체에도 나의 자질을 반영하는 거울이 없는 까닭에 교사는 학생들 눈에 자신이 어떻게 비치는가를 예의 주시할 필요가 있습니다.

지금보다 훨씬 젊었을 때 저는 그렇게 하지 못했습니다. 젊다는 이유만으로 모든 게 자신 있었기 때문입니다. 지금 생각해 보니, 그 시절엔 학생들에게 호응받는 교사였지 좋은 교사는 아니었습니다. 역설적으로 나이가 들어 아이들에게 비친 나의 객체적 자아를 반추하게 되고 내가 지닌 이런저런 한계와 단점들을 극복하면서 예전보다 조금은 더 나은 교사로 성장해 가고 있습니다. 그래서 교사가 나이를 먹는 것은 좋은 일이라 생각합니다.

문제의 답은 문제 속에 있다

아주 오랜만에 고학년 담임을 하기로 마음먹었을 때 걱정이 되었던 게 사실입니다. 젊은 선생님들도 힘들어하시는데 나이 든 내가 과연 아이들과 잘 지낼 수 있을까 하는 우려였습니다. 역시나 최근 5년간 봐 왔던 3학년들과 달리 5학년 아이들은 내 손아귀에 쉽게 들어오지 않았습니다. 하지만 세상일은 한 가지 난점이 있으면 그에 따른 이점도 있기 마련이니, 이게 저의 지론 '동전의 양면 철학'입니다. 위기가 기회입니다. 고학년 아이들이 교사를 힘들게 하는 바로 그 이유 속에 그 아이들과 잘 지낼 수 있는 열쇠가 있습니다. 문제의 답은 항상 문제 속에 있습니다.

'장악'이라는 표현을 쓰고자 합니다. 매일매일 교사와 학생 사이의 전투로 점철되는 교실살이에서 교사는 학생들을 사랑으로 가르치기 위해서라도 일단 그 전투를 장악해야 합니다. 교사가 아이들을 장악하고 못 하고의 관건이 뭘까요? 저는 '지적 능력'이라 생각합니다. 어른이든 아이든 사람은 자기보다 지적으로 우월한 존재를 향해서는 인정하는 자세를 보입니다. 정신과정이 낮은 단계에 있는 3학년 아이들에게 교사는 절대적으로 우월한 존재이기 때문에 선생님의 말씀은 무조건 옳다고 생각하고 따릅니다. 그러나 고학년 아이들은 시쳇말로 교사 머리 꼭대기 위에 있기에, 3학년에게 통했던 교사의 권위가 먹혀들지 않습니다. 게다가 사춘기 특유의 반항 심리까지 동반되어 이를테면 '우리의 정신과 정은 이제 알 것 다 알 정도로 성숙했으니, 더 이상 아이로 대하지 말라!'는 태세를 보입니다.

사실이 그러합니다. 3학년에서 5학년으로 넘어가는 과정에서 아이들의 정신과정은 일대 비약적인 발전이 있었습니다. 아이들 머리는 굵을 대로 굵어져 있습니다. 하지만 이 굵어진 머릿속에 문제 해결의 답이 있습니다. 아이들이 원하듯이 어른으로 대해 주는 겁니다. 인간 대 인간으로, 지성 대 지성으로 토론을 통해 합리적으로 문제를 풀어 갈 수 있습니다. 교사-학생 간의 갈등으로 빚어진 전투에서, 만약 교사가 옳고 또 논리적으로 학생을 압도할 수 있으면 교사가 이기는 겁니다. 3학년 아이들에겐 이게 안 됩니다. 토론에서 밀리면 그냥 씩씩거리며 떼쓰거나 울어 버립니다. 교실살이에서 교사-학생 또는 학생-학생 사이에 이런저런 갈등이 생겨날 때 교사가 학생을 대화의 장에 초대하여 그들과 진지한 토론을 통해 문제를 풀 수 있는 것은 고학년 담임교사의 특권이라 하겠습니다. 요컨대, 지적인 성장으로 아이들의 머리가 굵어진 것은 교사를 힘들게 하는 요인도 되지만 교사-학생 사이의 갈등을 순리적으로 해결하는 힘으로도 작용하는 '양날의 칼'인 것입니다. 문제의 답은 항상 문제 속에 있습니다.

선생님, 오늘도 사자성어 한 개 배워요!

며칠 전에 개념어 공부로 고사성어와 사자성어를 가르쳤더니 아이들이 무척 재미있어합니다. 3학년 아이들에게 가르칠 때와는 다른 반응을 보이는 것은 고학년 아이들 특유의 깊은 학문적 관심을 반영합니다. 이에 체육 시간에 있었던 불편한 사태에 대한 성찰을 촉구할 겸, '역지사지'와 '공평무사'라는 낱말을 가르쳤습니다. 그런 다음 차분하게 학급대화 시간을 가졌습니다.

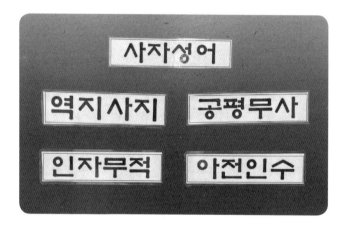

얘들아! 한번 생각해 봐. 선생님이 일부러 어느 한 편에게 유리하게 판정을 내릴 이유가 있을까? 오늘 발야구 게임 때 판정에 불만 제기한 친구들, 과연 선생님이 그 친구들에게 일부러 불리하게 심판을 봤을까? 선생님도 어떨 때는 오심을 내릴 수도 있어. 프로야구나 축구 경기에서도 비디오 판독을 해서 판정 결과가 번복되는 경우도 있잖아. 사람인 이상 누구나 잘못 볼 수 있으니 이해를 해야 해. 여러분들이 명심해야 할 것은, 어떤 경우

에도 선생님은 최선을 다해 공평무사하게 심판을 본다
는 것이야. 이걸 믿어야 해. 이 믿음이 없으면 체육 수업
은 불가능해! 그리고 선생님 딴에는 열심히 심판을 보
는데 너희들이 자기 마음에 안 든다고 선생님께 불쾌한
감정을 드러내면 내 마음이 어떨지 역지사지로 생각해
봤으면 좋겠어.

일주일에 세 번 있는 체육 수업 가운데 한 시간은 담임 체육
입니다. 제겐 이 시간이 제일 힘듭니다. 우리 반 아이들은 승부욕
이 강해서 발야구 게임 도중에 교사의 심판 판정에 불만을 제기
하거나 게임에서 지면 "선생님이 심판을 잘못 봐서 졌다"라며 교
사를 원망하는 아이가 나옵니다. 교사 입장에서 이런 아이들의
언행에 상처나 스트레스를 받기 마련입니다. 이런 아이들에게 위
와 같은 호소문을 건넬 때 그리 큰 효과를 바라지 않았습니다.
그런데 뜻밖으로 이 발언 이후 체육 시간에 조금씩 달라지기 시
작했습니다. 사실 누가 봐도 구구절절 옳은 말이기에 아이들도
그렇게 받아들인 것으로 보입니다. 3학년 아이들과는 다른 5학년
아이들의 정신적 성숙을 보여 주는 대목이라 하겠습니다. 이 성
숙은 아이들의 지적 성장의 결과입니다.

어른들은 사춘기 아이들이 반항적인 태도를 보이는 이유를
비딱해진 이들의 심성에서 찾으려 합니다. 이 같은 관점은 왜 하
필 이 시기에 아이들의 심성이 삐딱해졌는가 하는 물음에 답하

지 못합니다. 사춘기 특유의 반항심은 아동기에 비해 한층 성숙해진 아이들의 정신과정에 연유합니다. 미성숙한 어린아이는 사물에 대한 독자적인 관점을 갖지 못해 모든 것을 부모에게 의지하고 부모가 시키는 대로 행동합니다. 부모가 학교 수업 마치고여러 군데의 학원을 다니게 하면 군말 없이 갑니다. 하지만 사춘기에 접어들어 사고력에 큰 진전이 이루어짐에 따라 세상살이를바라보는 눈을 뜨게 됩니다. 사람과 맺는 관계망도 예전에 부모와의 관계가 전부였지만 폭넓은 교우관계를 통해 확장됩니다. 아이들이 또래로부터 세상 물정에 관한 이런저런 정보와 지식을 공유하면서, 이를테면 '방과 후에 학원을 다니지 않는 삶도 있다'는 것을 알게 됩니다. 급기야 그간 부모에게 속았다는 각성과 함께 반항심을 품게 되는 것입니다. 예전에는 부모가 콩을 팥이라 해도믿었는데 이젠 콩을 콩이라 해도 믿지 않는 겁니다.

교사 입장에서 아이들과 소통하기 위한 첫걸음은 이들을 성숙한 사고력의 소유자로 인정하고 교실공동체의 문제를 해결하기위한 대등한 파트너로서 만나는 겁니다. 다행히 아이들은 교사보다 지적 능력이 앞서 있지 않으니 교사가 원하는 방향으로 토론을 주도해 갈 수 있습니다. 또한 아이들이 심성이 삐뚤어져 있을지언정 영혼은 여전히 순수한 면이 있어서 교사가 진정성을 보이면 마음을 엽니다. 그날 학급대화에서 아이들을 설득할 수 있었던 것도 저의 진정 어린 호소가 통했기 때문이라 봅니다.

성찰 글쓰기

2학기 들어 교실살이가 무척 힘겨워지고 있습니다. 1학기에 비해 교사를 힘들게 하고 교실공동체에 혼란을 일으키는 꾸러기들의 수가 서넛에서 대여섯으로 늘어났고 일탈의 정도도 심각한 수준으로 치닫고 있습니다. 학폭위에 회부될 일도 몇 차례 있었지만 어렵사리 무마시켰습니다. 한두 녀석은 정말이지 하루에도 몇 번씩이나 나의 분노 게이지를 급상승시켜 치를 떨게 합니다. 옛날 같으면 원시적인 방법으로 진압하겠지만, 지금은 그러지 못하는 현실이고 또 나의 이성도 절대 그래선 안 된다는 쪽으로 발달해 있습니다. 이런 아이들에게 분노심을 품는 것은 정상입니다. 다만 그 분노를 비이성적인 방법으로 표출하는 것은 절대 아니 될 일입니다.

이 문맥에서 5학년과 3학년의 차이를 한 가지 말하자면, '자신이 아무리 말썽을 피워도 교사가 어찌하지 못한다는 것을 알고 모르고의 차이'라 하겠습니다. 이것은 아이들이 영악해서가 아니라 교육적 명분에 입각한 최소한의 훈육조차 아동학대로 규정해 버리는 비합리적인 교육 현실 탓입니다.

거듭 말하지만, 교실살이는 교사와 꾸러기 사이의 치열한 전투로 점철됩니다. 사랑으로 가르치기는 이 전투에서 교사가 승자가 되고 난 뒤에 가능합니다. 교사가 밀리면 교사뿐만 아니라 교실 전체가 망가집니다. 꾸러기들을 포함한 전체 학생들의 건강한 성장을 위해 교사는 승리해야 합니다. 전투에서 이기려면 무기를 지녀야 하는데, 교권은 무시되고 학생인권만 지나치게 강조되는 현실은 교사를 무장 해제시킵니다. 전문용어로 이것은 일종의 '비대칭 전력asymmetric power'입니다. 비대칭 전력 구조하에서 교사는 교육적 정당성을 띤 나름의 무기를 개발해야 합니다.

작년까지 꾸러기들을 상대할 때 제가 구사했던 방법은 '스테이stay'였습니다. 학급 규칙을 어긴 학생들을 쉬는 시간이나 점심시간에 자기 자리에 억류시키는 것입니다. 이 방법은 사실상 낮은 수준의 체벌에 해당합니다. 고학년 아이들에게 이 방법을 적용하니 아이들의 반발심만 불러일으킬 뿐 교육 효과는 거의 없는 것으로 드러났습니다. 그래서 얼마 전에 폐지했습니다. 작년까지 3학년 아이들에게 이 방법을 썼던 것을 반성합니다. 반대로, 이 방법의 비효율성을 깨닫게 해 준 올해 꾸러기들에게 고마운 마음입니다. 교사의 성장은 항상 학생으로 말미암습니다.

이런저런 고민 끝에 최근에 내가 고안한 나름의 책략이 '성찰 글쓰기'입니다. 교실공동체의 평화와 행복을 심각하게 저해한 학생들을 남겨서 자신의 잘못을 돌아보는 글쓰기를 하게 합니다. 아직 길을 더 가 봐야 그 실효성이 실천적으로 검증되겠지만, 이 책략은 다음과 같은 점에서 의의가 있을 것으로 자평해 봅니다.

첫째, 글쓰기를 통해 자신의 잘못을 좀 더 객관적으로 그리고 냉철하게 응시할 수 있습니다. 지난 글에서 말했듯이, 그릇된 행동을 고치기 위한 첫걸음은 자기 잘못을 알게 하는 것입니다. 자기 잘못을 인지하는 방법으로 글쓰기보다 더 좋은 것은 없을 겁니다. 많은 경우 아이는 (의도적이든 비의도적이든) 자신의 결정적인 잘못을 빠뜨리고 두루뭉술하게 씁니다. 교사는 이 점을 정확히 짚어 주면서 자기 잘못을 냉철히 들여다보도록 매개해 줍니다.

둘째, 거듭되는 일탈 이력이 보존되어 꾸러기들로 하여금 자기 행동의 심각성을 반추할 수 있게 합니다. 인간은 망각의 동물입니다. 특히 아이들은 사태를 벗어나 돌아서면 잊어버립니다. 체육 수업 안 한 것은 절대 안 잊는데 자신이 저지른 잘못에 대해선 '언제 그랬냐?'는 반응을 보이는 게 아이들입니다. 개중에는 모르는 척하는 녀석도 있지만 실제로 기억하지 못하는 경우가 많습니다. 이럴 때 교사는 증거가 없으니 속수무책으로 당할 수밖에 없습니다. 성찰 글쓰기는 건망증에 편승하여 자기 잘못의 심각성을 인정하지 않으려는 아이들에게 자신의 과거 행적을 돌아보는 거울이 됩니다. 아래와 같은 양식의 지면에 적게 해서 차곡차곡 모아 두거나 아니면 학생이 직접 자기 공책에 쓰게 한 뒤 사진을 찍어 둡니다. 사안이 심각한 경우 학부모님에게 사진을 전송하거나 사인을 받아 오게 해서 사태를 공유할 수 있습니다.

셋째, 남아서 글 쓰는 자체가 성가신 일입니다. 학원 스케줄 따위로 남지 못한다면 쉬는 시간과 점심시간에 글 쓰게 합니다. 성의 없이 대충 써 오면, 이런 자세는 '성찰'의 취지에 어긋남을 준엄하게 짚어 주면서 똑바로 쓸 때까지 되돌려 보냅니다. 아이는 이게 싫어서라도 같은 과오를 되풀이하지 않으려 애쓸 겁니다. 성찰 글쓰기가 교사 입장에서 바람직하고 유익한 점은 품위를 유지하면서 강도 높은 일침을 제공할 수 있는 것입니다.

성찰 글쓰기는 징벌적 조치로 흐르지 않도록 유의해야 합니다. 학생에게 "반성문 쓰기가 아닌 성찰 글쓰기임"을 분명히 각인시킵니다. 이는 교육적 명분을 담보하기 위한 전략적 의도도 있지만, 실제로 이 활동의 목적이 성찰을 위한 글쓰기라는 선량한 당위성을 일깨워 줍니다. 좋은 일이든 안 좋은 일이든 우리는 글쓰기를 통해 자신의 행위를 돌아보며 더 나은 방향으로 나아갈 수 있습니다. 한 번 뱉으면 공허하게 휘발되고 마는 입말과 달리 글말이 지닌 탁월성으로 인해 성찰 글쓰기는 학생을 반성적 삶으로 인도합니다. 머리를 짜내 쓰는 한 줄의 글이 자기 삶을 돌아보게 하고 사유하는 힘을 길러 줍니다. 지성의 발전은 인성의 변화를 이끕니다.

성찰 글쓰기
• 오늘 있었던 일을 육하원칙에 맞춰 자세히 적어 봅니다.

• 나의 행동에 상대의 기분이 어땠을까요?

• 내 잘못의 핵심이 뭘까요?

• 오늘과 같은 행동이 앞으로도 계속되면 내가 어떻게 될까요?

• 오늘과 같은 일이 다시 일어나지 않게 하려면 내가 어떤 노력을 해야 할까요?

( )월 ( )일 ( )요일

글쓴이: (서명)

교사를 힘들게 하는 아이와 잘 지내기

3학년 담임할 때였습니다.

내일 학교 행사로 교실을 공개해야 해서 오랜만에 교실 정리를 하고자 마음먹었습니다. 요즘 아이들은 방과 후 개인 일정이 바빠서 남겨서 일을 잘 못 시킵니다. "누가 시간 되는 사람 선생님 좀 도와줄래?" 했더니 무송이 혼자 손을 듭니다. 우리 반에서 제일가는 말썽꾸러기가 남겠다니 달갑지 않았지만, 한편으론 녀석을 품을 수 있는 좋은 기회다 싶었습니다.

일을 시켜 보니 생각보다 잘합니다. 아이가 영리해서 말귀를 잘 알아듣고 일머리가 잘 돌아가 조수 역할을 훌륭히 수행합니다. 일하면서 손발이 잘 맞으니 평소 삐걱거리기만 했던 우리 두 사람의 마음이 가까워지는 기분입니다. 처음으로 아이가 사랑스러워집니다. 이로부터 어떤 깨달음이 찾아들었습니다.

교사를 힘들게 하는 아이와 잘 지내기 위한 첫걸음＝관계를 맺어라

관계는 교육에 선행합니다. 교육 이전에 먼저 관계가 있어야 합니다. 이 이치는 모든 학생에게 적용되지만, 교사를 힘들게 하는 아이에게는 절대적으로 요구되는 바입니다. 착하고 무난한 아이들은 스스로 교사와 관계를 맺으러 다가오지만, 꾸러기들은 교

사의 관계망에서 벗어나려 합니다. 이것은 이들이 교사에게 인정받기보다 자기 욕망(이를테면, 장난질)에 충실하려는 '자유로운 영혼'이어서일 수도 있고, 선천적으로나 후천적인 상처로 인해 '관계적 감수성'이 결핍되어서일 수도 있습니다. 어느 경우든 이 아이들과 관계를 맺기 위해서는 교사가 먼저 다가가야 합니다.

교사-학생의 관계 형성 여부에 따라 교육의 효과는 큰 차이를 보입니다. 문제를 일삼는 아이를 올바른 방향으로 이끌기 위해 훈계를 할 때, 관계를 맺기 이전이라면 아이는 교사의 말에 수긍하며 "나를 위해" 앞으로 그러지 말아야겠다고 생각합니다. 이와 달리, 관계가 맺어져서 교사라는 존재가 아이의 마음 한편에 자리하게 되면 아이의 자세는 "선생님을 위해서라도" 그러지 말아야겠다로 바뀝니다. 전자의 다짐은 유통기한이 짧지만, 후자의 것은 오래갑니다. 오래가지 않으면 관계의 뿌리가 얕은 겁니다. 더 깊게 뿌리 내리기 위해서는 더 깊은 관계를 맺어야 합니다. 아이의 마음속에 교사가 자리하여 교사를 배려하는 관계적 감수성이 싹트면 문제 행동도 개선되고 교사의 스트레스는 희망과 보람으로 바뀝니다.

최고의 관계 맺음은 연대

사람 대 사람이 맺는 관계의 유형은 크게 두 가지입니다. 수직적 관계와 수평적 관계. 교사와 학생의 관계는 가르치고 배우는 비대칭성에 기초하기 때문에 기본적으로 수직적으로 만납니다. 교사가 학생에게 선한 영향을 미치는 존재인 점에서 이 수직적 관계는 교육적 정당성을 지닙니다. 하지만 가르침을 떠난 교실살이 일상에서는 학생들을 수평적으로 만나야 합니다. 특히나 교사의 관계망에 쉽게 포섭되지 않는 꾸러기들에게 교사는 수평적으로 다가가야 합니다.

글 서두의 에피소드에서 제가 무송이와 가까워지기 시작한 계기가 교실 정리였습니다. 평소 가르치고 배우는 관계, 훈계하고 훈계받는 관계에서 교실 정리를 통해 처음으로 수평적으로 만날 수 있었습니다. 수평적인 만남에서 똑같이 두 팔 걷고 먼지 마셔가며 원시적 연대를 나누는 게 인간적이고 교육적입니다. 이 원시적 연대를 통해 두 사람의 관계망은 더욱 끈끈해지고 신뢰가 쌓입니다. 연대는 최고 형태의 관계 맺음입니다.

연대할 거리를 만들어라

교사의 관계망 바깥에 있는 아이를 포섭하기 위해선 연대할 거리를 만들어야 합니다. 꾸러기와 교사 사이에는 강이 놓여 있습니다. 교사가 강을 건너 꾸러기와 만나기 위해서는 다리를 놓아야 합니다. 제가 교실 정리를 매개로 무송이와 돈독한 관계를 맺기 시작했듯이, 꾸러기를 교사의 관계망으로 초대하기 위해서는 연대할 거리를 고안해야 합니다.

교사와 학생이 수평적으로 만나 끈끈한 연대의식을 키워 갈 수 있는 가장 손쉬운 것은 놀이입니다. 놀이를 싫어하는 아이는 없습니다. 놀이에서는 모든 참여자가 대등하게 만나기 때문에 교사가 아이들과 친해질 수 있는 최고의 재료입니다. 계급장 떼고 동등한 인간 대 인간으로 만나는 만큼, 놀이에서는 교사가 월등한 기량을 뽐내기보다 일부러 망가져 줄 필요가 있습니다. 피구에서 꾸러기가 던진 공에 교사가 맞아 줌으로써 교사는 꾸러기를 맞이할 수 있습니다.

가까운 거리에서 만나라

관계는 만남입니다. 만남 없이 관계를 맺을 수 없습니다. 하지만 모든 만남이 관계로 연결되는 것은 아닙니다. 우리는 교실에서 매일 아이들을 만나지만, 매일 관계를 맺지는 않습니다. 관계 맺기는 '라포rapport 형성'과 동의어입니다. 라포의 형성은 습관적인 만남이 아닌 따뜻한 만남을 통해서만 가능합니다. 습관적인 만남과 따뜻한 만남을 구별 짓는 기준이 뭘까요? 저는 '물리적 거리'라 생각합니다. 코로나 시대에 교실에서도 '사회적 거리두기'라는 용어를 많이 씁니다. 이는 관계 맺기의 반의어입니다. 'Out of sight, out of mind'라는 서양 속담이 이 이치를 웅변합니다. 눈에서 멀어지면 마음에서도 멀어지는 것이 인간 심리입니다.

물리적 거리와 사회적 거리의 밀접한 연관성을 실감 나게 이해할 수 있는 흥미 있는 에피소드를 소개합니다. 제가 좋아하는 신영복 선생의 책에서 만난 이야기입니다. 선생이 아파트 생활을 하시는데 위층 아이가 일으키는 층간소음으로 마음고생이 많았습니다. 그런데 우연히 아파트 놀이터에서 그 아이와 조우했을 때 아이스크림을 사 주면서 아래층에 사는 자신을 생각해서 소음을 일으키지 말아 달라고 부탁했습니다. 뇌물이 시원찮아서인지 별 효험이 없었습니다. 층간소음은 계속되었습니다. 하지만 중요한 변화가 있었습니다. 그 변화는 아이 쪽에서가 아니라 선생 쪽에서 일어났습니다. 이상하게도 아이를 직접 만나 대화를 나눈 뒤로는 소음을 일으키는 아이가 그리 밉게 여겨지지 않더라는 겁니다.

몇 년 전부터 쉬는 시간이나 점심시간에 가끔 아이들과 대화하는 시간을 마련하고 있습니다. 교탁을 사이에 두고 만날 때와 달리, 가까이에서 만나면 느낌이 좀 다릅니다. 심리적 거리도 좁혀지고 아이에 대한 이해의 폭도 넓어집니다. 특히 꾸러기들을 이런 식으로 만나면 아이에 대한 미운 감정이 적잖이 누그러집니다. 아이 또한 교사에 대한 이런저런 유감과 불만의 감정이 줄어들 겁니다.

아이가 미울 때는 아이의 부모님을 떠올려라

별도의 글에서 학부모 상담의 중요성에 대해 논하겠습니다만, 교실살이에서 꾸러기들의 문제로 고생할 때 교사는 부모님께 도움을 요청하여 문제를 좀 더 쉽게 해결할 수 있습니다. 전화나 대면으로 부모님과 소통하고 나면 꾸러기들의 행동이 달라집니다.

부모님들과 대화하고 나면 교사 쪽에서도 어떤 변화가 일어납니다. 내겐 그렇게 한심하고 밉상스러운 아이도 부모님께는 세상에서 제일 귀한 아이라는 각성이입니다. 이 통절한 인식이 학부모 상담을 통해 교사가 얻는 가장 중요한 소득이라 생각합니다. 괜한 겸손을 떨어서가 아니라 실용적으로도 교사에게 유익한 인식입니다. 저는 아이가 아주 밉다는 생각이 들 때 부모님의 얼굴과 말을 떠올리며 약간이라도 미운 감정을 지워 갑니다.

20여 년 만에 고학년 담임을 하는 올해 우리 반에 유독 꾸러기들이 많습니다. 권위주의의 칼을 마음대로 휘두르던 그 시절엔 이런 녀석들과 교실살이를 꾸려 가기가 별로 어렵지 않았습니다. 그런데 그 시절엔 내가 편했을지언정 그들과 관계를 잘 맺지 못했습니다. 후회하고 반성합니다. 그 아이들에게 너무 미안합니다.

학생인권에 비해 교권이 열세에 있는 구조로 인해 교사의 교실살이는 팍팍하기만 합니다. 하지만 이 냉엄한 현실이 나를 덜 나쁜 교사로 단련시키는 긍정적인 측면도 있다 생각합니다. 최소한의 훈육도 제약을 받는 힘든 현실 속에서 교육자로서 품위를 유지하면서 아이들과 평화롭게 지내는 것, 그늘진 곳에 있는 한 명의 꾸러기도 놓치지 않고 보듬는 것을 내 남은 교직 삶의 목표로 삼고서 오늘도 성실한 한 걸음을 내딛고자 합니다.

3. 이웃들과 잘 지내기

먼저 자신을 혁신하라

올해는 5학년 담임에 학년부장을 맡았습니다. 이 학교에 부임해 와서 3년 연속으로 3학년을 담임했기 때문에 선생님들은 올해도 내가 3학년을 맡을 줄 아셨을 겁니다. 그런데 고학년을 그것도 학년부장까지 맡으니 모두 놀라십니다. 요즘 학교에서는 부장업무를 서로 안 맡으려는 추세입니다. 더구나 우리 학교처럼 20여 학급 규모의 학교에서 학년부장은 승진점수나 수당 따위의 메리트가 없으니 더더욱 그러합니다. 해마다 학교는 이맘때 담당 학년과 업무 배정으로 몸살을 앓는데, 서로 안 맡으려는 업무와 학년을 누군가가 선뜻 맡아 주면 인사 작업이 쉽게 풀립니다.

우리 학교에서 내가 제일 고참입니다. 원로 교사로서 누릴 수 있는 기득권을 내려놓고 제법 무거운 짐을 떠안으니 후배 교사들에게 신선한 충격으로 다가갔을 것 같습니다. 겨울방학 내내 '올해 몇 학년 맡을까?' 하는 고민 끝에 내가 이렇게 결정을 내린 몇 가지 이유가 있습니다.

첫째, 합리성의 문제입니다. 사실, 나의 이 결심은 무슨 거창한 희생정신의 발로가 아니라 지극히 상식적인 판단입니다. 월급 많이 받는 사람이 일을 많이 하는 것이 상식이 아닌가요?

둘째, 교직 사회의 구태를 혁신하고자 하는 문화 운동의 차원에서입니다. 다른 직업 사회도 별반 다르지 않겠지만, 내 초임 시절부터 교직 사회는 군대에서처럼 비합리적인 위계질서가 고착화되어 왔습니다. 힘든 일은 젊은 교사에게 떠맡기는 식입니다. 이것은 연령주의에 입각한 횡포와 폭력과 다름없습니다. 물론, 연장자를 우대하는 예법 자체는 미덕일 수 있습니다. 이런 점은 한국적 가치로서 지금 젊은 분들도 나중에 혜택을 누릴 수 있기에 공정의 원칙에도 어긋나지 않습니다. 그런데 모두가 선호하는 학년 (3~4학년)을 3년까지는 몰라도 그 이상 맡으려니 눈치가 보였습니다. 그래서 학년을 옮겨야겠는데, 2학년이나 교과전담을 맡을까 하다가 이왕 포기하는 김에 통 크게 양보해서 후배들에게 신선한 충격을 안기고 싶었습니다. 선배의 '선先'은 '앞서다'라는 뜻입니다. 선배가 앞서서 좋은 본을 보이고 후배가 그것을 따르면서 교직 사회의 바람직한 문화가 형성되어 갑니다.

셋째, 나를 혁신하기 위해서입니다. 누구나 쉽고 편안한 직장 생활을 욕망하지만, 안락한 일상은 퇴행과 동전의 양면을 이루는 것이 인생입니다. 3학년을 연속으로 하다 보니 교육과정이나 3학년 아이들의 심리를 훤히 꿰뚫게 되어 수업이든 학생 생활지도든 능숙하게 할 수 있습니다. 반면, 고학년 담임은 오랫동안 하지 않아서 두려움이 앞섭니다. 나이 들어서 고학년 아이들과 부대끼는 것도 두렵고 3학년보다 훨씬 수준 높은 교과목들을 지도하기가 버겁기 마련입니다. 그래서 해마다 이맘때 편한 길을 선택했습니다. 하지만 한 해 두 해 편한 길을 가면서 점점 매너리즘에 침잠

해 가는 나의 모습을 반성하게 됩니다. 교사에게 편한 길은 파멸로 향하는 길입니다. 교사는 나이와 무관하게, 아니 나이가 들수록 도태되지 않기 위해 더욱 자기혁신을 꾀해야 합니다.

남은 방학 동안 교재 연구를 하기 위해 5학년 교과서를 들고 왔습니다. 3학년 교육과정의 수준과 비교가 됩니다. 3학년 책이 동화책이라면 5학년 책은 명작 소설을 읽는 기분입니다. 음악 교과서를 펼쳐 보니 수록곡들이 수준 높습니다. 눈 감고도 피아노 반주를 할 수 있는 3학년 음악과 달리 5학년 음악은 연습을 많이 해야만 유능한 수업을 할 수 있을 것 같습니다. 그 과정에서 나의 음악적 역량이 증대될 것은 말할 필요가 없습니다.

돌이켜 보면, 나의 지적·정서적 자질은 학생들을 가르치면서 성장한 바가 큽니다. 무릇 최고의 지식은 남을 가르칠 때 생겨나는 법입니다. 남이 쉽게 이해하도록 가르치자면 자신의 기존 앎을 더욱 정교하게 다듬어야 하기 때문입니다. 학생을 성장시키면서 자신도 성장시키는 것이 교사입니다. 그래서 교사는 자기연찬을 통해 끊임없이 자신을 혁신해야 합니다. 그런 교사는 학생의 감흥을 불러일으킬 뿐만 아니라 동료 교사에게도 선한 영향력을 미쳐 교직 사회를 혁신하게 됩니다. 요컨대, 교사는 자신과 학생과 학교를 새롭게 발전시켜 가는 혁신가입니다.

교사와 관리자 사이

나이가 들면서 예전에는 몰랐던 사실을 뒤늦게 깨달을 때가 있습니다. 산마루에 오르기 전에는 산등성이 너머의 모습을 못 보는 것처럼, 세상살이 가운데는 나이가 들어야만 비로소 보이는 것이 있습니다. 이렇듯 인식의 변화는 입장의 변화에 말미암습니다.

지금 원로 교사로서 저는 교사와 관리자 사이의 중간자적 입장입니다. 직위상으로 교사이기에 저는 이를테면 권위적인 관리자에 반발하는 젊은 교사들의 정서에 공감합니다. 그런 한편 관리자와 같은 기성세대로서, 간혹 자기 권리 주장은 적극적으로 하면서 근무 태도는 불성실한 교사를 볼 때 '나도 마음이 불편한데 교장-교감의 입장에서는 오죽할까?' 하는 생각이 듭니다.

물론 제가 젊은 시절에도 그런 교사는 있었지만, 그때는 동료로서 그 사람에게 유감을 품을 뿐 관리자 입장에서 그 문제를 바라보지는 않았습니다. 교사 입장에서 그것은 그저 불쾌한 문제일 뿐이지만, 관리자 입장에서는 어떻게든 해결해야 할 고민거리입니다. 교사는 그런 '꼴불견'인 사람을 문자 그대로 안 보면不見 그만이지만, 관리자는 직면해야만 합니다. 교사는 자기 혼자만 잘 하면 그만이지만, 관리자는 모든 교사가 잘해야 탈이 없습니다.

교사는 자기 학급 아이들과 학부모만 만족시키면 되지만, 학교장은 전교의 아이들과 학부모를 만족시켜야 합니다. 이래저래 교사보다 관리자가 더 어렵습니다.

관리자가 교사보다 더 어렵다는 것을 최근에야 깨닫는 보다 근본적인 이유가 있습니다. 제가 젊었을 때보다 지금 학교가 엄청나게 변했습니다. 군사독재의 종식과 더불어 우리 사회 전반에 민주화가 이루어지고 부조리가 척결되면서 학교도 변했습니다. 사회의 민주화에 따른 학교의 변화는 학교 내 구성원의 관계 변화를 핵심으로 합니다. 지금 학교에서 학생과 교사, 교사와 관리자는 예전과는 완전히 다른 방식으로 만나고 있습니다.

예전에는 학생이 교문에 들어설 때부터 엎드려뻗쳐 해서 빠따를 맞았습니다. 교사가 학생을 죽도록 패도 별문제가 안 됐던 곳이 학교였습니다. 관리자가 교사를 대하는 방식도 폭압적이긴 마찬가지였습니다. "굴종의 삶을 떨쳐"로 시작하는 전교조 노랫말이 가리키듯 그 시절 교사들은 관리자들로부터 많은 억압을 겪었지만, 지금은 교육청에 갑질신고센터가 설치되어 있을 만큼 관리자의 전횡과 권위주의적 리더십은 제도적 차원에서부터 방지되고 있습니다.

학교가 교장의 왕국인 시절은 가고 없습니다. 지금 학교에서 관리자 노릇을 제대로 하기는 무척 어렵습니다. 카리스마적 리더십을 지닌 관리자는 학부모 만족도는 높되 교사들의 반감을 살 우려가 있고, 유연한 리더십의 소유자는 학교의 문제를 방기할 가능성이 많습니다. 관리자와 교사가 누이 좋고 매부 좋은 식으로 지내면 서로 편하지만 그런 행태는 선량한 관리자의 주의 의무를 해태하는 점에서 직무유기에 해당합니다. 교사와 학부모 둘다를 품으면서 최선의 학교 경영을 위해 따뜻한 리더십을 펼치는 교장 선생님들께 무한한 존경과 감사의 마음을 보냅니다.

생활세계의 식민화 극복하기

학교장-교사 소통의 자리를 만들고자 합니다.

하반기에 여러 가지 학교 행사와 업무 추진으로 선생님들의 피로도나 스트레스가 가중되고 있는 것 같습니다. 어느 일터에서든 직업인이 겪는 불편의 핵심은 위계질서 내에서 빚어지는 갈등이 아닐까 생각합니다. 지금 선생님들께서, '이런 일은 안 해도 되지 않나? 이 일을 꼭 이런 방식으로 해야 하나?' 하는 불편을 느끼고 계실 법합니다.

하지만 입장이 다르면 생각 또한 다른 법인지라, 교장 선생님의 입장에서는 학교 경영자로서 교사들에 대한 나름의 기대와 요구사항이 있을 것 같습니다. 이에, 우리가 서로 마음을 열고 허심탄회하게 대화를 나눔으로써 입장의 차이에 따른 오해와 불편의 간극을 좁혀 갈 수 있으리라 믿습니다.

저는 우리 교육이 지고의 가치로 품는 민주주의의 실체가 이것 이상도 이하도 아니라 생각합니다. 즉, 집단 내에서 입장을 달리하는 두 주체가 서로 지성적인 대화와 토론을 통해 공동의 문제를 해결해가는 합리적 의사소통 체계를 경작해 가는 것이 민주적 삶의 기본이리라 믿습니다.

거듭 외람된 말씀입니다만, 삶과 교육은 따로 가지 않습니다.

우리 교사들이 삶 속에서 민주주의를 실천할 때, 교실에서 아이들에게 민주주의를 가르칠 수 있습니다. 학교장이 나름의 건설적인 관점에서 교사들에게 어떤 교육 실천을 요구하시는데, 교사들은 그 필연적인 이유를 납득하지 못한 채 그저 위에서 시키니까 억지로 하는 시늉만 내는 것은 어느 누구에게도 도움이 되지 않습니다. 교장 선생님께서도 이런 소모적인 업무 추진 방식은 바라지 않으실 것입니다.

이런 문제의식 하에 고참 선배 교사로서 제가 어떤 역할을 해야겠다는 생각을 품게 됩니다. 아침에 교장 선생님을 찾아뵙고서 제 의견을 말씀드렸습니다. 교장 선생님께서도 저와 문제 인식을 같이하면서 선생님들과 허심탄회하게 대화를 나누는 자리를 만들면 좋겠다는 뜻을 비치셨습니다. 그리고 그 역할을 제게 일임하셨습니다. 오후에 교감 선생님과 교무부장님께 먼저 말씀을 드리고, 학년 부장님들께 이 글을 드립니다.

부장님들께서는 학년 선생님들과 이 내용을 공유하신 뒤, 토론회에 참가하실 분 명단과 토론회에서 논의할 내용(선생님들의 불편 사항, 건의 사항 등)을 간략히 말씀 주시면 제가 회의 자료를 준비해 가겠습니다. 토론회 참가 인원은 제한이 없습니다. 참가를 희망하시는 분은 모두 오게 하시고, 학년에서 한 분은 꼭 참석하셔서 학년의 의견을 발표해 주시기 바랍니다.

급히 문구를 작성하다 보니 혹 읽기 불편한 내용은 없었는지

염려됩니다. 원로 교사의 꼰대스러움을 널리 양해 바랍니다.

고맙습니다.

어느 해의 10월이었습니다. 학교는 이맘때 무척 바쁩니다. 이 시기는 한 해 교육 농사의 대미를 장식하는 수확의 계절이기 때문에 이런저런 행사를 치르거나 실적물을 제출하는 일로 교사의 일상이 분주해집니다. 그런데 교장 선생님께서 예년에는 없던 일로 학급문집 발행과 공개수업 지도안을 약안略案이 아닌 세안細案으로 작성할 것을 요구하셔서 우리 교사들이 적잖이 당혹스러웠습니다. 학급문집 발행은 연초에 학교교육 계획 속에 잡혀 있었기 때문에 각오가 되어 있었습니다. 그런데 전체 교사가 참여하는 공개수업 지도안을 세안으로 작성하라는 것은 저도 여태껏 경험해 보지 못했고 들어 보지도 못한 과도한 처분이다 싶었습니다. 이 바쁜 시기에 이런 부담을 안기시는 교장 선생님에 대한 불만과 원성이 여기저기에서 터져 나왔습니다.

나보다 2년 선배인 교장 선생님은 소신이 무척 강한 분입니다. 무릇 지도자는 대중의 인기에 영합하기보다는 때론 집단의 불만을 사더라도 자기 양심과 소신에 충실해야 한다고 믿습니다. 그래서 저는 교장 선생님을 신뢰하는 편입니다. 하지만 대화와 설득 없이 일방적으로 자신의 의지를 관철하려는 것은 좋은 자세일 수 없습니다. 그런 사람은 독재자인 거죠. 그리고 그런 사람의 부적절한 지시를 무비판적으로 따르는 사람들은 좋게 말해 유순한 신민臣民이고 적나라하게는 노예입니다. 나는 내가 신뢰하는 교장 선생님을 독재자로 만들고 싶지 않았습니다. 또 교사의 한 사람으로서 나는 부당한 권위에 굴복하는 착한 신민이 아니라 주체적인 시민의 길을 후배 교사들과 함께 걷고 싶었습니다.

조직사회로서 학교는 관료제적 시스템으로 돌아갑니다. 위에서 무엇을 시키면 묻지도 따지지도 않고 일사불란하게 자기 일을 척척 해내는 모습이 보편적인 교사집단의 자화상일 겁니다. 위의 상황에서 대부분의 교사는 세안 작성이 무의미하다는 것을 알면서도 속절없이 투덜대며 어디 인터넷에서 자료를 찾아 고쳐 내든지 할 겁니다. 이런 퇴행적인 처신은 교사 개인의 불행을 넘어 학생 교육에도 해가 되는 점에서 무책임하기도 합니다.

요즘 우리 교육계에서 뜨겁게 부상하고 있는 화두가 민주시민교육입니다. 민주주의는 하나의 개념이지만, 어느 날 하늘에서 뚝 떨어진 창백한 관념이 아니라 치열한 인간 삶을 통해 쟁취된 실체입니다. 이 위대한 인간 정신사의 유산은 패러데이의 법칙과 달리 우리가 그것의 주인이 될 때만 누릴 수 있습니다. 우리는 어려운 패러데이의 법칙을 몰라도 그것이 가져온 물질적 혜택을 생활 곳곳에서 누립니다. 하지만 민주주의는 가전제품이 아니라 나무입니다. 전원만 켜면 저절로 작동하는 가전제품과 달리 나무는 거름과 물을 주고 정성껏 가꿔 가야 합니다.

교사는 교무실에서 학생은 교실에서 각자의 민주주의 나무를 길러 갑니다. 중요한 것은, 교무회의에서 민주주의를 체험하지 못한 교사의 교실에서는 학생들도 민주주의 나무를 길러 내지 못하는 것입니다. 교무실에서 부당한 권력 앞에 침묵하는 착한 신민인 교사는 교실에 와서는 학생들 앞에서 군주가 되어 그들을 무기력한 신민으로 만드는 악순환이 빚어집니다. 생활세계에서 민주주의를 살아본 교사가 학생들에게 민주주의를 가르칠 수 있습니다.

'생활세계'는 프랑크푸르트학파의 사상가 하버마스의 개념입니다. 하버마스는 인간 사회를 물질적 차원과 상징적 차원으로 구분하고서 전자를 체계System 후자를 생활세계Lebenswelt로 명명했습니다. 체계는 자본과 권력의 힘으로 작동되는 경제 체계나 행정 체계를 말합니다. 경제적·정치적 질서의 힘으로 구동되는 체계와 달리 생활세계의 질서는 상이한 이해관계를 좇는 주체들의 의사소통적 행위를 통해 유지됩니다.

체계는 물질적인 영역이고 생활세계는 정신적인 영역인데, 이 둘에 대한 방점에 따라 정통 마르크스주의와 프랑크푸르트 비판철학이 엇갈립니다. 스탈린주의로 대표되는 낡은 마르크스주의의 입장은 생산관계를 혁파하면 해방 세상이 도래한다고 본 반면, 프랑크푸르트의 사상가들은 비판적 실천의 중요성을 역설했습니다. 프랑크푸르트의 2세대 이론가의 선두에 있는 하버마스의 의사소통적 행위이론theory of communicative action은 이들 학파의 비판이론을 완성시킨 화룡점정이라 하겠습니다.

체계와 생활세계는 떼려야 뗄 수 없는 관계에 있습니다. 민주주의가 튼실하게 뿌리내린 이상적인 사회에서는 체계와 생활세계가 조화를 이루며 서로가 서로를 발전시킵니다. 하지만 대부분의 사회에서는 권력(=체계)이 불평등한 현상(현재의 상황, 現狀)을 유지하기 위해 시민들의 생활세계를 어지럽힙니다. 권력과 자본이 가족, 학교, 문화영역에 침투하여 사회 구성원들의 도덕적·실천적 역량과 의지를 마비시키는 것을 하버마스는 '생활세계의 식민화'라 일컬었습니다.

생활세계의 식민화를 극복하기 위한 실천 방법에서도 하버마스는 정통 마르크스주의와 다른 전략을 취합니다. 이 문제를 해결하기 위한 궁극적 지향점으로 하버마스가 제시하는 것은 생활세계의 자율성 회복입니다. 이 목표는 지배-피지배 역학관계의 변화를 통해 쟁취하는 것이 아니라 민주주의의 활성화를 통해 실현할 수 있습니다.

지금보다 훨씬 젊었던 시절 저는 교직 생활세계의 식민화를 극복하기 위한 전략으로 강성적인 노선을 견지했습니다. 직원협의회 때 이른바 '벌떡 교사'가 되어 관리자의 부당한 리더십에 문제를 제기하며 내가 바라는 목적을 달성하곤 했습니다. 교사 대중으로부터 지지를 받은 적도 많았지만, 좌중을 불편하게 만드는 강경한 투쟁 전술 자체가 바람직할 수는 없었습니다.

그러던 제가 작년 상황에서는 평화적인 방법으로 문제를 풀려 했던 것은 왜일까요? 주변 사람들은 제가 나이를 먹으면서 딴

사람이 되었다고 합니다. 틀린 말은 아니지만, 나의 변화의 배경에는 더 중요한 이유가 있습니다. 무엇보다 그때와 지금의 학교는 엄청나게 달라졌습니다. 그 시절에는 파쇼적 독단과 전횡을 일삼는 불선한 관리자들이 많았습니다. 지금은 교육청에 갑질 신고 센터가 설치되어 있을 만큼 독재적인 리더십의 존립 자체가 어려운 형편입니다.

10~20년 전에 비해 혁신된 학교의 변화상은 하버마스식으로 설명하면 체계의 변화에 말미암은 것입니다. 하지만 체계 변화에 비례하여 생활세계의 식민화를 극복하기 위한 실천 역량은 구시대의 수준에 머물러 있는 것이 유감입니다. 제가 주제넘게 나서서 학교장-교사 소통의 장을 만든 것은 최근에 공부한 하버마스의 의사소통적 행위이론에 깊은 공감을 느껴 실천에 옮겨 본 것입니다.

이론과 실제 사이의 불가피한 괴리를 생각할 때 과연 이 담론이 제가 발 딛고 서 있는 영역에서 구현될 수 있을지 의문스러웠는데 결과에 크게 만족합니다. 교장 선생님께서 열린 마음으로 교사들의 말을 경청하신 뒤 세안 작성의 비효율성에 대한 지적에 공감하고 그 지시를 철회함은 물론 몇 가지 건의 사항까지 수렴해 주셨습니다. 중간자 노릇을 한 제 입장에서 교장 선생님의 통 큰 양보에 감사를 넘어 미안한 마음이 들 정도였습니다.

교직 경력이 30여 년을 지나고 있는 저 역시도 처음 경험한 일이었습니다. 한 차례의 성공으로 어떤 이론의 현실 적용 가능성

에 대한 섣부른 결론을 지을 수 없음은 물론입니다. 다만, 학교장
과 동료들을 불편하게 만들지 않으면서 교사집단의 의사가 소통
될 수 있다는 것을 경험한 것은 큰 소득입니다. 이러한 성취감은
우리 교사들에게 앞으로 교직 생활세계에서 민주주의를 살아내
는 자율적 역량의 자양분으로 자리하리라 믿습니다.

서 있는 곳이 다르면 풍경도 다르게 보인다

어느 해에 교과전담을 맡았을 때였습니다. 수업이 없는 시간에 전담실에 있다 보면 가끔 담임선생님들이 학생과 실랑이를 벌이는 소리를 듣게 됩니다. 이럴 때마다 속으로 '대충 넘어갈 수도 있는 문제인 것 같은데 왜 저리도 지나치게 정서적으로 반응하시는가?' 하는 생각을 품게 됩니다. 그러던 어느 날 문득 다른 선생님들의 행위에 대해 이런 생각을 품는 나 자신을 보면서 소스라치게 놀랐습니다. 내가 유감을 품은 선생님들의 모습이 학급담임 맡았을 때의 내 모습이었기 때문입니다.

서 있는 곳이 다르면 풍경도 다르게 보이는 법입니다. 교과전담을 하면 학생들을 오직 수업으로만 만나기 때문에 그들과 옥신각신 다툴 일이 잘 없습니다. 전담 수업이 끝나면 썰물 빠지듯이 아이들은 모두 교실로 돌아가 버립니다. 대체로 아이들이 교사를 힘들게 하는 '사달'이 빚어지는 때는 쉬는 시간이나 점심시간인데, 이것은 고스란히 담임교사가 떠안아야 할 고통입니다.

같은 입장이 되어 보기 전에 교사의 이런저런 훈육 행위에 대해 함부로 평가해서는 안 되겠습니다. 대통령이나 교육부 장관이 학교를 방문하고선 자애로운 손길로 아이 머리를 쓰다듬어 주거나 환한 웃음으로 아이들과 사진을 찍는 모습을 TV에서 자주 봅니다. 가식이든 진심이든 대통령이나 장관이 아이들에게 얼굴을 붉힐 이유는 없습니다. 아이들이 사랑스럽지 않을 이유도 없을 것입니다. 그러나 단 하루만이라도 교사가 돼서 아이들과 부대껴 본다면 확신컨대 반나절도 못 되어 얼굴색이 변할 것입니다.

창백한 교육학 서적이 뭐라고 떠들건 간에 현실 속에서 교사들이 만나는 아동은 천사가 아닙니다. 사랑으로 가르치라고 하지만, 이런저런 악동들과 날마다 전투를 치르는 게 현실 속 교사의 삶입니다. 교육부 장관과 달리 교사는 영혼으로 아이들을 만납니다. 교육혼 속에는 평범한 인간의 정서가 대부분을 차지할 것입니다. 선한 급우에게 위해를 가하는 악동에게 분노의 감정을 품는 것은 당연합니다. 교사이기 이전에 인간이기 때문에 말입니다.

다만, 교사는 좀 덜 망가질 필요가 있습니다. 아이와 같은 눈높이에서 '맞짱'을 뜰 것이 아니라, 판관의 입장에서 아이의 잘못을 객관적으로 짚으면서 준엄하게 응징하는 것이 학생과 교사 자신을 위해서도 바람직합니다. 그러기 위해선 사태로부터 한 걸음 떨어져서 풍경을 조망할 필요가 있습니다. 이 글 서두에서 제가 담임선생님들의 전투를 관망하듯이 말입니다. 담임할 때는 미처 깨닫지 못한 것이 교과전담을 하게 되면 많이 보이는 이유가 바로 그것입니다.

서 있는 곳이 다르면 풍경도 다르게 보인다는 말은 구경꾼이 교사를 관찰할 때도 유념해야 할 진리이지만, 더 나은 교육 실천을 바라는 교사 자신에게도 유용한 지침일 수 있습니다. 때로 우리는 당면한 사태를 벗어나 구경꾼의 위치로 우리 자신을 가져갈 필요가 있습니다. 위치를 바꿔 서 보는 것, 성찰적인 삶에서 꼭 필요한 자세가 아닐까 생각해 봅니다.

교사와 학부모 사이

저도 한때 학부모였습니다. 우리 아이가 초등학생일 때 담임 선생님과 상담하면서 놀랐던 기억이 있습니다. 선생님이 말씀하시는 아이가 제가 아는 우리 집 아이와 적잖이 달랐기 때문입니다. 곰곰이 생각해 보니 이것은 그리 놀랄 일이 아니었습니다. 내가 교사로서 상담할 때 학부모님들도 나와 비슷한 반응을 보인 분들이 많았습니다. 아이들이 대체로 부모에게 보이는 모습과 교사에게 보이는 모습은 다소간에 다른 법입니다. 이 말은 교사의 눈에 비친 아이도 온전한 모습이 아니라는 뜻이 됩니다. 따라서 교사와 부모는 아이를 올바로 이해하고 학교와 가정에서 각자 최선의 교육을 펼치기 위해 서로 긴밀히 소통하며 공조 체제를 유지해야 합니다.

이렇듯 학생의 바람직한 성장을 위해 교사와 학부모 사이는 가까워야 하지만 실제는 너무 먼 것이 슬픈 현실일 따름입니다. 오늘날 학교에서 학부모는 두려움의 대상입니다. 교사에게도 그러하고 관리자에게도 그러합니다. 예전에는 학부모가 교사를 두려워했지만, 지금은 형세가 완전히 역전되었습니다. 학부모를 두려워하지 않는 교사는 없습니다. 누구든 두려움의 대상은 가급적 피하고 싶은 마음이 인지상정일 겁니다. 그런데 학부모에 대한 경계심이 지나쳐 대對학부모 관계를 수세적으로 맺어 가는 것은 교사 자신에게 오히려 불리할 수 있습니다. 스포츠에서 "공격은 최선의 방어"라는 말이 있죠. 역설적으로 두려움의 대상인 학부모를 소극적으로 상대하는 것보다 적극적으로 맞이하는 것이 교사 자신을 돕는 길이 됩니다.

좋든 싫든 교사가 학부모님을 상대해야만 하는 시기가 일 년에 최소 두 번은 있습니다. 3월과 9월에 있는 학부모 상담주간입니다. 학교에서 업무 담당자가 작성한 상담 신청 안내문을 가정에 보내면 상담을 원하시는 학부모님은 대면 상담과 전화 상담 중 택일하여 학생 편으로 신청서를 제출합니다. 이때 교사들은 신청자의 숫자에 관심을 품는데, 가급적 그 수가 적기를 바랍니다. 저 역시도 그러길 바랍니다. 하지만 저는 신청을 안 하신 분들에게도 전화를 걸어 상담을 요청합니다. 상담 신청을 안 했는데 교사로부터 전화를 받으니 어떤 분은 "우리 애가 학교에서 무슨 문제가 있었나요, 선생님?" 하며 놀라는 반응을 보이십니다. 이에 제가 "그게 아니라. 상담주간이어서 학부모님과 대화를 나누고 싶어 전화를 드렸습니다"라고 하면, 가슴을 쓸어내리면서 처음과 다른 의미에서 놀라는 반응을 보이십니다. 뜻밖의 전화를 받은 놀람은 교사에 대한 감사와 신뢰의 마음으로 바뀝니다.

자신을 지키기 위한 얄팍한 술책으로 학부모 상담을 적극적으로 맞이하자는 뜻이 아님을 아실 겁니다. 이것은 바람직한 학생 교육을 염원하는 정신에 입각한 교육 실천에 부수적으로 얻어지는 이익일 뿐입니다. 어쨌거나 열린 마음으로 학부모를 당당히 맞이하면 학생-학부모는 물론 교사 자신에게도 이로울 수 있습니다. 교사도 사람인 이상 이런저런 실수를 범하기 마련입니다. 그런데 학부모 입장에서 평소 담임교사가 학부모와 적극적인 소통을 하려는 인상을 느꼈다면 교사의 작은 흠결에 관용적인 태도를 보일 겁니다. 학부모도 사람입니다. 사람과 사람 사이에서 가는 정이 있으면 오는 정이 있는 것이 당연한 이치라 하겠습니다.

특히 교직 연륜이 짧은 젊은 선생님의 입장에서 학부모 상담은 큰 부담일 수 있습니다. 저 역시도 지금보다 훨씬 젊을 때는 그랬으니 그 마음 충분히 이해합니다. 하지만 교육 원리상 바람직한 학생 교육을 위해 교사-학부모의 원활한 소통은 필수적임을 생각할 때, 교사는 학부모 상담을 피해 갈 것이 아니라 더욱 적극적으로 맞을 필요가 있습니다. 수업이든 생활지도든 교사는 학생을 제대로 이해하지 않고서 원활한 교육을 수행할 수 없습니다. 그런데 글 서두에서 논했듯이 학생을 정확히 이해하기 위해서는 학부모와의 원활한 소통은 필수 불가결합니다. 그래서 교사는 학부모의 욕구 해소뿐만 아니라 자신의 필요를 위해서라도 학부모와의 소통에 적극적으로 나서는 것이 바람직합니다. 부수적으로, 교육 열정에 기초한 그러한 적극성은 종국적으로 자신을 위한 선행으로 돌아온다는 말씀을 드리고 싶었습니다.

분노한 사람들을 효율적으로 응대하기

10~20년 전만 해도 학교에서 교사가 두려워해야 할 사람은 없었습니다. 있다면 교장-교감 선생님 정도인데, 이마저도 소신 있는 교사는 위축될 필요가 없었습니다. 지금은 교장-교감 선생님보다 더 두려운 사람이 있으니 학부모입니다. 예전에는 학부모가 교사를 두려워했지만 이제 전세가 완전히 뒤바뀌었습니다. 학부모가 학교교육의 한 주체로 우뚝 서게 된 것은 분명 발전의 한 모습이지만, 간혹 선량한 교사들이 학부모들로부터 부당한 대접을 받고 내상을 입는 경우를 자주 보게 됩니다. 누구든 그런 험한 일을 겪을까 봐 늘 불안 속에 살아가는 게 모든 교사의 운명이 아닌가 싶습니다.

이런 불상사로부터 자신을 지키는 것은 오직 교사의 몫입니다. 격한 분노심에 휩싸여 이성을 잃은 학부모에게 자제심을 요청할 수 없기에 교사는 스스로를 지키기 위한 어떤 전략을 숙지하고 자기화할 필요가 있습니다. 아래는 비단 학부모뿐만 아니라 교사가 학교에서 만나는 모든 위협적인 존재들로부터 자신을 지키기 위해 유용한 지침이 될 수 있는 내용이어서 영문을 우리말로 옮겨 봅니다.Yvonne Bender, the Tactful Teacher, Nomad Press, 2005, p. 54

〈분노한 사람들을 효율적으로 응대하기 위한 전략〉

분노는 우리 삶에서 피할 수 없는 현실이다. 누구나 이런저런 일로 화를 품게 된다. 화난 사람들을 상대할 때 견지해야 할 중요한 원칙은 같이 화를 내지 않는 자세다. 분노한 사람들을 효율적으로 응대하려면,

- 평정심을 잃지 않고 사태를 최대한 객관적으로 바라보는 자세를 유지한다.
- 사람들에게 노출된 장소에서 일이 터졌다면 주위의 시선을 피할 수 있는 공간으로 상대방을 유인해 간다.
- 수용할 수 있는 범위 내에서 상대방이 마음껏 분노를 풀게 한다.
- 상대방이 분노한 이유를 나의 말로 풀어서 진술해 줌으로써 정확히 이해했고 공감한다는 뜻을 비친다.
- 사과가 필요한 부분에 대해서는 성심껏 유감의 뜻을 피력한다.
- 문제를 해결하기 위해 어떻게 해 주기를 바라는지 묻는다.
- 양측이 공통적으로 인정하는 지점을 짚어 본다.
- 상호 수용할 수 있는 지점에 도달한다.
- 화기애애한 분위기로 토론을 끝낸다.

"분노는 우리 삶에서 피할 수 없는 현실이다Anger is a fact of life"라는 말이 인상적입니다. 이 말은 분노를 품는 사람이 특별히 이상한 사람이 아니라는 것, 누구나 나름대로 분노할 이유가 있다는 것을 인식하고 문제에 접근해야 한다는 뜻으로 이해됩니다. 'a fact of life'는 숙어로 '어쩔 수 없는 현실'이란 뜻이지만, 자구 그대로 해석하면 '삶의 팩트'입니다. 분노가 하나의 팩트라는 겁니다. 우리가 분노를 팩트가 아닌 감정의 문제로 인식하게 되면 토론 과정에서 상대방의 분노는 더욱 커집니다. 글쓴이가 강조하고 있듯이, 화난 사람을 상대할 때 지켜야 할 가장 중요한 원칙이 같이 화를 내지 않는 것인데, 이 원칙을 어기는 오류를 범하는 이유가 민원인의 분노를 팩트가 아닌 정서의 문제로 접근하기 때문입니다. 그래서 분노를 팩트의 문제로 바라보는 관점은 매우 중요합니다.

우분투

2020년 3월. 새 학년도가 시작되었지만 코로나19로 인해 학생들이 등교하지 못하고 가정에서 온라인으로 수업받는 사태가 벌어졌습니다. 사상 초유의 재난 상황을 맞아 학생 및 학부모와 소통하기 위한 방책으로 네이버 밴드를 개설했습니다. 아래 글은 새 학년도를 맞아 1년간 담임교사로서 학생들을 이끌어 가는 학급 경영 철학을 학부모님께 안내할 목적으로 우리 반 급훈의 취지를 설명한 글입니다.

거듭 말씀드리지만, 교사와 학부모가 원활히 소통할 때 최선의 교육이 가능할 뿐만 아니라, 교사 입장에서 이런 노력을 적극적으로 펼칠 때 학부모의 신뢰를 얻을 수 있습니다. 3월에 아래와 같은 내용의 글을 편지글 형태로 학부모님께 드리면 좋을 것 같습니다.

아프리카에서 어느 인류학자가 아이들에게 달리기 시합을 붙였습니다. 1등 하는 사람에게 바구니 속의 과일을 다 준다는 규칙을 설명하고 출발시켰습니다. 놀랍게도 아이들은 약속이라도 한 듯 모두 같이 손을 잡고 목표지점을 향하였습니다. 그러고는 모두 함께 웃음 띤 얼굴로 과일을 나눠 먹었습니다. 달리기 잘하는 어느 한 아이가 모든 과일을 차지할 수 있었는데도 왜 그랬는지 이유를 묻자, 아이들의 입에서 "우분투!"라는 대답이 돌아왔습니다. 그리고 한 아이가 다음과 같이 덧붙였습니다.

다른 아이들이 다 슬픈데 어떻게 나 혼자만 기분 좋을 수가 있는 거죠?

해마다 학급 소개 화면을 아이들 단체 사진으로 꾸몄습니다. 그런데 올해는 아직 아이들을 만날 수가 없고 또 앞으로 어렵게 학교가 문을 연다 하더라도 밀집대형으로 사진을 찍을 수가 없을 것 같아서, 교실 문 옆에 걸린 학급안내판의 급훈을 사진으로 찍었습니다.

"모두가 행복해야 나도 행복하다"라는 급훈은 '우분투'에서 영감을 얻어 지은 것입니다. 우리 모두 치열한 생존경쟁의 시대를 살아가고 있습니다만, 그래도 초등학교 교실에서는 '우분투'의 정신을 지켜 갈 수 있고 또 지켜 가야만 한다고 믿습니다.

언제부터인가 우리네 학교가 학교폭력으로 몸살을 앓고 있습니다. 하지만 학교공동체 내에서 이 '우분투'의 정신이 약간이라도 유지된다면 우리 학생들이 끔찍한 폭력으로부터 희생되는 일은 없으리라 생각합니다. 왜냐하면 심각한 학교폭력은 '사악한 가해자'보다 '무심한 방관자들'로 인해 생겨나기 때문입니다. 어릴 때부터 우리 아이들이 "함께 살아가는 친구 중에서 고통을 겪는 이가 한 명이라도 있으면 나의 삶이 행복할 수 없다"는 우분투의 정신을 길러 갔으면 합니다. 그러면 폭력 없는 학교를 만들 수 있고 또 그런 아이들이 성장해서 어른이 되면 더불어 살아가는 세상을 만들 수 있을 것입니다.

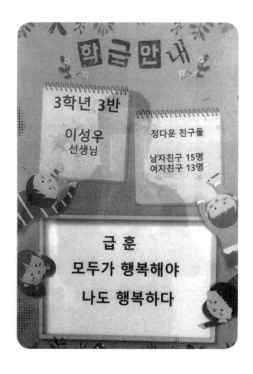

'우분투ubuntu'는 아프리카 코사 언어로 "우리가 있음에 내가 있다"란 뜻이라 합니다. 공부 잘하는 아이 못하는 아이, 재능이 빨리 싹 튼 아이 그렇지 않은 아이, 학급 사회생활에 잘 적응하는 아이 못 하는 아이 할 것 없이 모든 아이가 지닌 나름대로의 능력과 성격을 존중하면서 저마다 자기 속도에 맞춰 조금씩 꾸준히 성장해 가도록 이끌겠습니다. 그러기 위해서는 우리 아이들은 물론, 학부모님께서도 내 아이뿐만 아니라 우리 모두의 아이를 생각하는 '학부모 공동체 의식'을 길러 갔으면 합니다.

존경하는 학부모님의 가정에 늘 건강과 행운 가득하기를 기원하며… 항상 성원해 주심에 깊이 감사합니다.

| 3부 |

삶과 교육

교사가 행복해야 학생도 행복하다?

교사 집단에서 흔히 회자되는 "교사가 행복해야 학생도 행복하다"라는 말이 있습니다. 얼핏, 지당한 말처럼 들립니다. 학교에서 행정실 직원이라면 몰라도 교사 가운데 이 말에 반감을 품는 사람은 극히 드물 것입니다.

그런데 이 명제는 너무 추상적이어서 그 자체로는 진위를 검증할 수 없습니다. 교사의 어떤 행복이 학생의 행복과 연관을 맺고 있는지 구체적으로 논해야 합니다. 구체성이 결여된 추상적인 경구는 불합리한 맥락에서 악용될 위험이 있습니다. 제가 이 경구를 신뢰하지 않는 이유도 현실 속에서 교사의 행복이 학생의 불행을 담보로 만들어지는 경우가 많기 때문입니다.

그 단적인 예가 학교의 시간 운영입니다. 중등은 몰라도 초등학교에서는 시정時程을 조밀하게 짜서 수업 끝내고 학생들을 빨리 하교시킬수록 교사가 편해집니다. 단위 수업 시간은 40분으로 모든 학교가 같지만, 중간놀이 시간과 점심시간을 몇 분으로 배치할 것인가에 따라 학생의 하루 일과는 적잖은 차이가 납니다. 그리고 이 차이에 따라 교사 행복과 학생 행복의 명암이 엇갈립니다.

최근 제가 근무한 3개 학교 가운데 A학교는 중간놀이 시간

30분/점심시간 60분, B학교는 중간놀이 시간 10분/점심시간 60분, C학교는 중간놀이 시간 10분/점심시간 50분이었습니다. A학교와 C학교 사이에 아이들이 놀 수 있는 시간의 차이가 무려 30분이나 됩니다. 아이들에게 놀이는 밥이고 자유입니다. 아이들이 자유를 박탈당하고 놀이에 허기진 대가로 교사는 오후에 더 많은 자유 시간을 갖습니다. 물론 교사는 노는 게 아니라 업무 처리를 하고 교재 연구를 하며 생산적인 시간을 보냅니다. 어쨌거나 교사의 자유와 아이의 자유, 교사의 행복과 학생의 행복 사이에는 제로섬게임zero-sum game이라는 방정식이 작동합니다.

이러한 사례 외에도 학교에서 기획하는 사업이나 행사 가운데 교사의 행복과 학생의 행복이 상충하는 것들이 많습니다. 교사 입장에서는 학교 행사가 적을수록 편하지만 학생의 입장은 그 반대입니다. 현장학습의 예를 들면, A학교에서는 너무 자주 나가서 힘이 들었지만 B학교에서는 일 년에 단 한 번을 배치하여 아이들에게 미안한 생각이 들었습니다. 우리 어릴 적 학교생활에서 가장 기억에 남는 것이 일 년에 두 차례 있는 소풍인데, 그걸 절반으로 줄인 것은 교사의 행복을 위해 학생의 행복을 밀어낸 듯한 씁쓸한 느낌이었습니다. 그럼에도 기존 교사 집단이 설정해 놓은 지침을 전입 교사 입장에서 왈가왈부하기는 어려운 실정입니다.

물론 교사의 행복이 학생의 행복으로 연결되는 경우도 있습니다. 교사 복지가 열악하거나 과도한 업무나 이런저런 불편한 인적 관계로 말미암아 교사가 스트레스를 심하게 받는다면 학생 교육에 부정적인 영향을 끼칠 것이기에 교사의 행복은 학생의 성장을 위해 중요한 조건입니다.

정리하면, "교사가 행복해야 학생도 행복하다"는 말은 어떤 맥락에서 이 말을 쓰는가에 따라 진실일 수도 있고 불합리성을 은폐하는 수단으로 악용될 수도 있습니다. 이 글에서는 후자에 무게중심이 있었던 것이 사실입니다. 같은 교사이면서 비판적인 태세로 교사집단을 매도한 것처럼 비쳤다면 유감입니다. 그럴 뜻은 없었습니다. 다만 자정自淨의 차원에서 어떤 성찰을 제안하고자 했습니다.

교사가 행복해야 학생도 행복하다! 아이들에게 좋은 선생님이 되고 싶은데 억압적이거나 불편부당한 구조 속에서 심신이 지친 교사에게 이 말은 위로가 될 수 있습니다. 하지만 이 말을 신봉하면서 혹 학생의 행복이 교사의 행복에 잠식되는 부당한 국면에서 침묵한 적은 없는지 돌아봤으면 합니다. 피치 못해 침묵하더라도 어떤 불편한 마음을 느끼지 않는다면 그가 누리는 행복은 복지가 아니라 부조리입니다.

경쟁이냐 협력이냐?

삼성전자가 스승 격인 일본 주요 전자업체들 순익을 다 합한 것보다 더 많은 흑자를 내며 승승장구하는 힘의 원천은 무엇일까?

일본 경제주간지 닛케이비즈니스는 삼성 경쟁력의 근원을 치열한 내부경쟁 시스템에서 찾았다. 쟁쟁한 인재들이 10 대 1의 경쟁률을 뚫고 들어가지만 과장 부장을 거치면서 떨어져 나가고 임원으로 승진하는 사람은 1%도 안 된다. 이런 담금질을 거쳐 별(임원)을 달면 '경제적 신분'이 달라지는 파격적인 연봉이 주어진다. 경쟁에서 살아남은 자들만이 과실을 따 먹도록 한 시스템이 세계 최강 조직으로 만든 것이다.

경제 칼럼리스트 전호림 씨의 글입니다.매일경제, 2010. 7. 15. 이분이 이 글을 쓴 사회적 배경을 언급하자면, 2008년에 출범한 이명박 정부는 전국 초등학교 일제고사로 대표되는 강력한 경쟁교육을 추진하고 있었습니다. 이에 2010년 지방선거에서 서울과 경기를 비롯한 5개 광역단체에서 진보 성향의 교육감이 당선되면서 교육혁신에 대한 국민 대중의 열망이 고조되었습니다. 칼럼의 부제 "학생 시험 거부하고 교원평가 안 받겠다는 전교조·좌파 교육감 국가 경쟁력 초석 무너뜨릴 수도"에서 보듯, 이 칼럼은 이러한 사회 분위기에 유감을 품고 경쟁 교육을 반대하는 진보 성향의 교원단체(전교조)와 교육감을 비판하기 위한 기조로 쓴 것으로 보입니다.

글쓴이는 경제 분야에서 이런저런 중요 직책을 맡아 활동해 온 분으로 조회됩니다. 경제에 관해 탁월한 식견을 지녔다 해도 교육 분야에서 경험이 전혀 없는 분이 교육에 관한 선이 굵은 관점을 피력하는 것이 유감입니다. 이명박 정부에서 교육부 장관을 지낸 이주호 씨도 교육과는 무관한 경제통 인사였죠. 교육과 경제는 전혀 다른 속성이거늘, 경제 논리로 교육 정책을 강제하려는 것은 위험천만한 발상이 아닐 수 없습니다.

그 뒤 2014년과 2018년 지방선거에서는 진보 대 보수의 구도가 각각 13 대 4, 14 대 3으로 진보 교육감이 압도적인 우세를 보였습니다. 하지만 2022년 선거에서는 보수 교육감이 대거 당선되었는데, 보수 정당에 의한 정권교체와 맞물려 향후 교육 정책이 보수 일변도로 전환될 전망입니다.

교육에서 '보수냐 진보냐'의 문제는 간단히 '경쟁이냐 협력이냐'의 문제로 환원됩니다. 보수-진보, 경쟁-협력. 이 두 대립물을 양자택일의 문제로 접근하면 시종 평행선을 긋는 소모적인 논쟁으로 흐릅니다. 위의 칼럼이 일정한 설득력을 얻는 것도 인간 사회의 발전에서 경쟁의 순기능적 측면이 있기 때문입니다. 그러나

이 글이 놓치고 있는 점은 그 역기능적 측면의 심각한 폐단에 관한 것입니다. 글쓴이가 예로 든 삼성의 경우, 바늘구멍과도 같은 신분 상승의 사다리에서 이탈된 사람들의 박탈감이나 불행에 관한 언급이 없습니다.

글쓴이는 "부富가 대물림되듯이 가난과 능력 부재도 대물림될 수 있기에 아이들이 경쟁력을 갖도록 삶의 기반을 준비해 주지 않는 스승은 직무를 유기하는 것"이라 합니다. 이에 저는 되묻고 싶습니다. 전교생이 밤잠 안 자고 열공 해도 1등과 꼴찌가 생겨날 수밖에 없는 구조 속에서, 교사가 어떻게 하면 직무유기를 면할 수 있을까요? 열심히 공부해도 좋은 대학에 진학하지 못하는 것이 교사와 학생의 무능 탓일까요?

우리 교사들은 경제에 관해서는 잘 모르지만, 이명박 정부의 5년 동안 일제고사로 인해 학교와 학생들이 망가져 가는 뼈저린 경험을 통해 경쟁 교육의 폐단에 대해 익히 알고 있습니다. 이 글에서 나는 경제 영역에서는 몰라도 교육에서는 경쟁보다 협력을 지향해야 한다는 논지를 펼치고자 합니다. 이에 관해 철학의 3대 영역인 존재론, 인식론, 가치론의 차원에서 논하겠습니다.

첫째, 존재론적으로 인간은 경쟁보다는 협력에 힘입어 인간답게 발전해 올 수 있었습니다. 무한경쟁 시대에 살아남기 위해서는 학교에서부터 경쟁력을 길러야 한다는 논리는 다윈의 진화론을 인간 사회에 적용한 사회진화론social Darwinism에 이론적 토대를 두고 있습니다. 하지만 적자생존의 원리가 유일한 자연법칙은 아닙니다. 경쟁보다는 협력을 좇는 개체들이 자연계에서 살아남기 유리하다는 것은 개미나 꿀벌 외에 많은 예를 들 수 있지만, 인간 존재와 관련하여 '눈의 진화 과정'을 살펴보면 실감 나게 이해할 수 있습니다.

 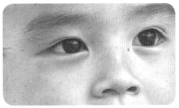

생물학적으로 인간은 영장류에 속하는 동물입니다. 그런데 사진에서 보듯 인간은 다른 모든 영장류와 구별되는 독특한 눈을 지니고 있습니다. 그것은 흰자위 부분입니다. 약육강식의 세계에 사는 동물들에겐 흰자위가 있으면 불리합니다. 상대가 나의 흰자위를 통해 내가 한눈을 팔고 있는지를 쉽게 알 수 있기에 불이익

을 당하기 쉽습니다. 그런데 인류는 집단생활을 하기 시작한 뒤로 싸움(혹은 경쟁)이 적은 사회를 이룩한 덕분에 흰자위의 불리한 조건이 사라졌습니다. 오히려 인간은 흰자위를 통해 상대방의 감정을 읽고 또 나의 감정을 타인에게 전달하며 깊은 의사소통을 할 수 있게 되었습니다. 눈은 마음의 창이란 말이 이런 뜻이죠. 그러니까 진화 과정에서 인류가 흰자위를 선택한 것은 경쟁보다는 협력이 인간 사회를 발전시키는 데 훨씬 유리했기 때문입니다.

둘째, 인식론에서도 경쟁보다 협력이 인간 인식의 발전에 결정적인 역할을 합니다. 아무리 똑똑한 사람일지라도 앞서 길을 간 선배 학자나 동료의 도움 없이 홀로 천재성을 발휘할 수 없습니다. 아인슈타인이 무인도에서 태어나 무인도에서 성장했다면 어떻게 되었을까를 생각하면 지식의 본질이 집단성에 있음이 명확해집니다. 요컨대, 지식은 개인적이 아니라 사회적으로 생성되고 발전됩니다.

셋째, 가치론적(윤리적) 측면에서 경쟁의 폐단에 대해선 긴 설명이 필요치 않을 것입니다. 우리 사회 전반에 드리워진 지나친 경쟁의 결과 OECD 최악의 자살 국가라는 오명이 웅변적으로 말해 줍니다. 내신 등급을 잘 받기 위해 친구에게 공책을 빌려 주지 않는 삭막한 교실에서 따뜻한 인성이 함양될 수 있을까요?

이러한 이야기가 한낱 장밋빛 이상론으로 들릴지도 모릅니다. 그래서 실용적 차원에서도 경쟁보다 협력이 훨씬 중요하다는 말씀을 덧붙이고자 합니다.

　교육의 본질은 온전한 아흔아홉 마리의 양보다 길 잃은 한 마리의 양을 따뜻이 품는 것입니다. 이것은 결코 창백한 가치론이 아닙니다. 실용적으로도 진부한 우등생을 수천 명 길러 내는 것보다 삐뚤어진 아웃사이더 하나를 만들지 않는 것이 사회 이익을 위해 훨씬 도움이 됩니다. 지금 우리 사회는 사이코패스 따위에 의한 반사회적 흉악범죄로 몸살을 앓고 있습니다. 인면수심의 범죄자들에게 온정을 베풀 뜻은 없습니다. 다만, 경쟁만 부추기고 경쟁에서 도태되는 이들에 대한 사회적 배려가 이루어지지 않으면 모두가 불행해지는 사회가 된다는 것을 잊지 않길 바랍니다.

　또한 지적 발달이란 측면에서도 경쟁 교육 시스템은 실용적으로 별 도움이 안 됩니다. 지금 우리 교실에서는 교과서 공부를 미리 다 배워서 수업 시간에 공부에 흥미를 못 붙이고 딴전을 피우는 아이들로 넘쳐납니다. 비싼 사교육비를 들여 아이를 망치는 겁니다. 새벽부터 밤늦도록, 유치원 때부터 대학 졸업할 때까지 아이들 죽도록 공부시켰으면 뭔가 남는 게 있어야 하는데, 심신이 망가지는 것 외에 뭐가 남는지 묻고 싶습니다. 베토벤이 될 아이도 피카소가 될 아이도 똑같이 천편일률적인 드릴 위주의 공부를 시키는 교육 시스템에서 어떻게 세계적인 지성이나 예술가가 나오겠습니까?

　지금까지 경쟁교육의 문제점에 관해 논했습니다. 사고의 균형을 맞추기 위해 작금의 혁신교육의 문제점에 대해서도 돌아보고 더 나은 방향성에 대해 성찰하자는 제안을 하고자 합니다. 나침반의 바늘이 좌우로 요동치면서 마침내 정북을 가리키듯이, 인간 사회는 보수와 진보가 엎치락뒤치락 경합을 벌이면서 바람직한 방향으로 나아갑니다. 지난 8년 동안 진보 교육감이 보수 교육감을 압도하던 교육 지형이 이번 지방선거에서 호각지세로 전환된 것은 기존 혁신교육에 대한 일정한 반성을 촉구하는 신호로 봐야 합니다.

경쟁 교육을 지양하고 혁신 교육을 지향하는 것은 좋으나 그 과정에서 학생들의 기초 학력이 저하되는 부작용에 대한 우려의 목소리가 들려옵니다. 진보 교육에 대한 남다른 신념을 품고 있는 저 역시도 이러한 우려가 사실무근의 볼멘소리라고 생각하지는 않습니다. 아이들의 자존감을 보호한답시고 방과 후 튼튼교실 프로그램을 폐지하는 혁신학교를 볼 때 그런 생각이 듭니다. 글을 못 읽는 아이들의 자존감을 보호하는 최선은 글을 잘 읽을 수 있게 지도하는 것입니다. 교육의 하향평준화는 진보와 아무 관계도 없습니다.

공자님이 말씀하시듯, 배우고 익히는 일學習은 본디 즐거운 과업입니다. 아이들이 학습에 대한 흥미를 품고 자발적으로 공부해 가면 영민한 머리와 따뜻한 가슴이 동시에 발달합니다. 이 장황한 글을 통해, 학교교육이 그렇게 이루어지기 위해서는 지나친 경쟁을 피하고 협력을 추구하는 방향으로 나아가야 한다는 말을 하고 싶었습니다.

인간과 관계되는 모든 것은 교육과 무관하지 않다

마르크스는 "인간과 관계되는 모든 것은 나와 무관하지 않다"라는 말을 남겼습니다. 마르크스의 천재성은 바로 인간과 관계되는 모든 일에 관심을 품고 깊이 파고들면서 획득한 박학다식에 있습니다. 땅을 깊게 파기 위해서는 넓게 팔 수밖에 없습니다. 지식도 마찬가지입니다. 어떤 분야든 깊이 들어가다 보면 저절로 넓게 파게 됩니다. 넓게 파지 않고 자신의 전공 분야에만 천착하면 절름발이 지식인이 됩니다.

맨몸으로 땅을 파든 굴착기로 파든, 일을 하기 위해선 어떤 에너지가 요구됩니다. 마찬가지로 학문을 파기 위해서도 어떤 동력원이 필요한데, 그 동력원은 이성적 측면과 감성적 측면의 양 날개로 구성됩니다. 이성적 측면은 지적 능력(독해력, 배경지식 따위)이고 감성적 측면은 흥미입니다. 진리 탐구의 동력을 구성하는 이 두 요소 가운데 흥미가 절대적으로 중요합니다. 앞서 말했듯이, 깊이 파기 위해선 넓게 파야 하는데 흥미의 안받침이 없으면 학문에 대한 열정은 이내 식기 쉽고, 반대로 흥미가 있으면 어떤 식으로든 지적 성장이 이루어지기 때문입니다.

제 주위의 어떤 교사들은 음악에 흥미가 있고 또 어떤 교사들은 연극 활동이나 여행에 흥미가 있습니다. 음악이든 연극이든 여행이든 모든 흥미는 깊이 파고들면 필연적으로 '사람'과 마주하게 됩니다. 따라서 "인간과 관계되는 것은 모두 나의 관심사"라는 마르크스의 말은 사실상 동어반복에 지나지 않습니다. 어떤 흥미(관심, interest)도 결국 인간에 대한 흥미로 귀결되기 때문입니다.

어원상 '삶'이란 낱말은 '사람'에서 생겨났습니다. 사람을 마주하는 것은 삶을 마주하는 것이고 어떠한 삶에도 성장이 자리합니다. 즉, '사람=삶=성장=교육'이라는 등식이 성립합니다. 그러므로 마르크스의 명제를 다음과 같이 바꿔 쓸 수 있습니다. 인간과 관계되는 모든 것은 교육과 무관하지 않다!

지금보다 훨씬 젊었던 시절, 영화에 깊이 빠져든 적이 있었습니다. 영화 세계를 더 잘 이해하기 위해 영화 이론 서적들을 탐독했습니다. 그런데 교무실에서 이런 책을 펼쳐 읽을 때 선배 선생님들에게 살짝 눈치가 보였습니다. 그분들이 속으로 '교사인 사람이 뭐 이런 책을 보냐?' 하는 책망을 할 것만 같았습니다. 제가 이 글을 쓰는 심리적 배경에 이러한 자격지심이 자리해 있는지도 모릅니다. 혹 저와 같은 마음의 짐을 안고 계신 선생님이 계신다면 그럴 필요가 전혀 없다는 말씀을 드리고자 합니다.

교사인 사람이 교육과 직접적으로 관계없는 어떤 곳에 흥미를 품는 것은 매우 바람직합니다. 그 흥미는 종국적으로 교육과 만날 것이기 때문입니다. 성장의 동력원으로서 흥미를 못 품는 것이 문제이지, 흥미의 종류가 무엇인가는 문제가 될 수 없습니다. 학생이든 교사든 의미 있는 성장은 흥미의 안받침 아래에서만 일어납니다. 그리고 그 성장은 이내 교사와 학생에게 총체적 지적 역량으로 전이될 것입니다.

교육하는 삶

*코로나 원년에 3학년 담임할 때 쓴 글입니다.

며칠 전 부장회의에서 교장 선생님께서 "아이들에게 운동회를 돌려주고 싶다"는 화두로 운동회 개최 희망 의사를 피력하셨습니다. 코로나로 인해 운동회를 폐지하기로 했는데 며칠 만에 결정을 번복하고 학년운동회 형식으로 행사를 추진했으면 하는 의중을 비치신 겁니다. 학년부장을 통해 회의 결과를 전해 들으면서 나는 교장 선생님의 독단에 대해서는 유감을 품었지만, 교사들의 반발을 무릅쓰고 그런 의지를 품게 된 배경이 '아이들을 생각하는 마음'이라는 점에서 그 교육적 진정성에 호감을 느꼈습니다.

4인의 교사로 구성된 우리 3학년은 학년부장인 동갑내기 여교사와 내가 원로 교사이고 나머지 두 분은 30대 초반과 40대 초반의 남교사입니다. 이분들은 내가 지금까지 교직 생애에서 만난 최고의 선생님들이십니다. 네 사람이 각각 기질이나 성향이 다르면서도 학생 교육에 관해서만큼은 모두 열과 성을 다해 헌신적으로 실천하시는 점에서 나의 동료들은 '참 교사'의 전형이라 하겠습니다.

두 분의 후배 교사들에 대한 우리 선배들의 애정도 각별하지만, 후배 교사들 또한 우리 두 사람에게 두터운 신뢰와 존경을 품고 있는 것으로 보입니다. 부장회의 결과를 전달하는 자리에서 처음 몇 분 동안은 교장 선생님의 독단적인 결정을 성토하다가 이내 학년 운동회 프로그램을 짜는 과정에서 우리 선배들이 신박한 아이디어를 주고받으며 "맞다. 그거 좋겠다!"라며 맞장구를 쳐 대니 후배 교사가 하는 말이, "두 분 선배님 눈빛에서 아주 행복한 기분이 전해져 옵니다"라고 말합니다. 우리 선배들에게 선한 영향을 받아서일까요? 원래 자질이 충만해 있는 후배 교사들 또한 아이들에게 즐겁고 행복한 운동회를 선사해 주기 위한 동학년 회의에 신명을 내며 뛰어듭니다.

교사로서 아이들을 생각하는 마음이 공유되는 가운데 선후배 간에 애정과 신뢰가 뒷받침되는 이런 관계망 속에서는 학교 일이 고역이 아니라 즐거움입니다. 이 일거리의 출발은 교장 선생님의 제안을 마지못해 떠안은 것이지만, 실천에서 우리는 아이들을 생각하며 조금이라도 더 알찬 운동회를 위해 머리를 짜내고 몸을 움직였습니다. 그 결과 우리 학년 운동회는 교장 선생님이 주문한 이상으로 풍성한 교육 실천이 되었다고 자부합니다.

3개 반 아이들을 4개 팀(Red, Green, Pink, White)으로 나누어 프로그램을 돌리다 보니 아이들이 자기 팀을 쉽게 식별하게끔 색깔별로 원 모양의 시트지를 가위로 자르는 것만 해도 예삿일이 아니었습니다. 하지만 우리는 우리의 노고로 아이들이 더 행복한 운동회를 누릴 생각을 하니 일하는 게 전혀 힘들지 않을뿐더러, 뜻을 같이하는 동료들끼리 함께 작업을 하며 '건강한 수다'를 공

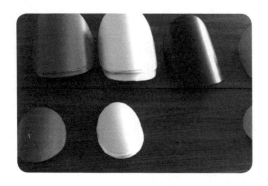

유하는 점에서 오히려 즐거웠습니다.

페이퍼워크나 행사를 위한 행사에 찌든 삶이 아닌, 교육의 이름으로 웃고 울고 감동하고 분노하는 이러한 교직살이는 제가 다른 책에서 '교육하는 삶'이라 일컬었던 것입니다. 자생적 혁신학교인 A초에서 경험한 '교육하는 삶'이 다른 학교에서도 가능하리라 생각하지 못했습니다. 역설적으로, 코로나 상황에서 교육청 요구사항이 줄어 교사들이 학생 교육에 전념할 수 있으니 교육하는 삶이 가능해지는 게 아닌가 생각해 봅니다.

우리의 노고와 기대가 헛되지 않게 오늘 학년 운동회는 너무잘 치렀습니다. 이어달리기하는 장면을 카메라에 담으면서 마음이 짠해졌습니다. 행사 끝내고 반성회 자리에서 다른 선생님들도이구동성으로 아이들이 즐겁게 뛰어노는 모습을 보면서 눈물이나오려 하더라고 하십니다. 코로나19로 인해 아이들이 운동장을마음껏 달리는 저 모습이 올해 처음이자 아마도 마지막이 될 풍경이기 때문입니다.

봄방학 없이 겨울나기에 관한 단상

기존의 보편적인 학사일정은 12월 말에 겨울방학에 들어가고 2월 초에 일주일 정도 학교에 나왔다가 6학년이 졸업하고 나머지 학생들이 종업식을 합니다. 그런데 최근 2월 일주일의 일정을 없애고 1월 초에 졸업식과 종업식을 함으로써 한 학년도의 학사 일정을 마무리하는 학교가 많습니다. 우리 학교도 작년에 처음 이 체제로 갔습니다. 기존 방식과 새로운 방식이 각각 일장일단이 있을 것입니다. 혹 새로운 방식이 놓치고 있을 어떤 문제점에 관한 제 생각을 써 봤습니다.

밖에서 볼일 보고 집으로 들어가는 길에 편의점에서 우리 반 아이들을 만났습니다. 여자아이 셋이서 편의점 입구에 비치된 테이블에 앉아 컵라면을 먹고 있었습니다. 뜻밖의 조우에 아이들은 "엇, 샘이다!" 하며 나를 반깁니다. 나도 반가웠지만, 그보다는 추운 날씨에 바깥에서 몸에 안 좋은 인스턴트 음식을 먹는 풍경이 안쓰럽기도 하고 더구나 코로나 상황이어서 걱정이 되었습니다. 하지만 다른 때라면 몰라도 한 달 전쯤에 종업식을 하고 헤어진 마당에 듣기 불편한 말을 건네기가 뭐해서 그저 "코로나 조심하고 너무 오래 있지 마라"는 말만 던지고 헤어졌습니다.

차를 몰고 집으로 향하면서 계속 아이들의 모습이 아른거렸습니다. 집에 들어가서 짐을 내려놓고 신용카드를 챙긴 뒤 자전거 타고 다시 그곳으로 갔습니다. 다시 아이들이 나를 반깁니다.

카드를 긁어 선심을 썼습니다. "선생님이 쏠 테니 맛있는 거 골라라!" 했지만 아이들은 내게 부담을 안 안기려고 값싼 과자를 고릅니다. 착한 아이들입니다.

사실, 교사가 일상에서 마주친 아이들에게 과자를 사주는 것은 교육적으로 그리 바람직한 자세는 아닙니다. 나의 이 남다른 마음 씀씀이는 이번 겨울방학의 특수성에 기인합니다. 올 학년도는 1월 초까지 수업을 한 뒤 방학식과 종업식을 같이 했습니다. 공식적으로 나는 2월 말일까지 담임이지만, 실질적으로 교사와 아이들은 이미 이별을 한 셈입니다. 그래서 평소보다 오늘은 아이들이 반가웠고, 또 그 자리에 다시 가서 내 특별한 정을 표하고 싶었던 것은 아이들에게 뭔가 빚진 마음 같은 것이 가슴 한편에 자리해서였습니다.

2월에 아이들과 재회한 뒤 봄방학 들어갈 때 헤어지는 것에 익숙해 있다가 1월 초에 모든 관계를 정리해 버리는 이 방식이 적응이 잘 안 됩니다. 비단 정서적인 문제가 아니라 교육적으로 과연 이게 최선인가 하는 의문이 듭니다.

나는 교육에서 제일 중요한 것이 '관계'라 생각합니다. 교사와 학생 사이, 또래 사이의 관계가 교육의 전부입니다. 배운다는 것은 관계를 지어가는 것이고 성장한다는 것은 관계망을 잘 뜨개질해 가는 것을 말합니다. 교사와 학생, 학생과 학생이 서로 부대끼며 웃고 울고 때론 옥신각신하다 응어리를 풀어내는 것이 가장 값진 배움입니다. 잠재적 교육과정이라 일컫는 이것은 교과서 공부보다 훨씬 중요합니다. 우리 교육의 궁극 목적인 참다운 민주시민의 육성은 표면적 교육과정보다 잠재적 교육과정을 통해 이루어질 것이기 때문입니다.

새로운 학사 운영 방식의 경우 1월 초 겨울방학에 들어가면서 실질적인 관계가 끝나기 때문에 종래의 시스템에선 볼 수 없었던 역기능들이 빚어집니다. 단적인 예로, 겨울방학 숙제를 검사 맡을 일이 없으니 아이들 입장에서 숙제하고 싶은 마음이 안 생깁니다 (요즘 방학 과제는 최소한의 분량을 제시하는 편이지만, 그래도 숙제는 숙제입니다). 그리고 길거리에서 같은 반 친구를 만나더라도 다음 학년도에 같은 반이 아닌 친구들에게는 '우리'라는 마음이 퇴색될 수밖에 없습니다. 교사와의 관계도 그렇습니다. 오늘 낮에 만난 아이들은 아직 엄연히 나의 학생들이건만 흡사 줄 끊긴 연처럼 내 손을 떠난 것 같은 기분이 드는 것은 어쩔 수 없습니다. 심각한 코로나 상황에서 컵라면 취식에 대한 지도를 적극적으로 하지 않은 것도 이와 무관하지 않습니다.

관계는 만남에서 시작되고 헤어짐으로 끝을 맺습니다. '유종의 미'란 수사가 웅변하듯, 모든 일은 끝을 잘 맺어야 합니다. 관계의 뜨개질에서 잘 만나기보다 잘 헤어지는 것이 훨씬 중요합니다. 종업식을 1월 초에 하는 것과 2월 초에 하는 것은 불과 한 달 차이지만 관계의 대미大尾를 아름답게 장식하기 위한 조건 면에서 이 둘은 큰 차이가 있습니다. 시기적으로 봄방학과 함께 이별할 때는 '이제 진짜 마지막이구나!'라는 기분에 젖지만, 겨울방학

들어갈 때는 아직 이별이 실감 나지 않는 상황이기 때문에, 이를테면 근사한 이별식 따위를 갖기가 어색합니다. 이런 분위기하에서 '잘 헤어지기'는 사실상 불가능합니다. 이별은 관계의 완성인데, 잘 헤어지지 못하면 한 해의 관계도 잘 경작하지 못하는 것입니다.

교직원 사이의 관계도 그렇습니다. 지난주에 단톡방에 학교를 옮기시는 선생님들 명단이 올라왔습니다. 겨울방학 들어갈 때는 아직 인사발표가 나지 않아서 누가 가고 못 가고를 몰라서 이별의 정을 나누지 못했습니다. 2월에 마무리하면 비록 코로나로 성대한 환송 파티는 못 열더라도 최소한 얼굴 보며 따뜻한 인사말을 주고받겠건만 단톡방에서 건조한 댓글로 빠이빠이 하는 게 전부이니 아쉽기가 그지없습니다.

기존의 타성을 벗어나 새로운 어떤 시도를 하는 것은 좋은 일입니다. 나도 이 새로운 방식을 처음에는 환영했습니다. 그리고 행정적인 효율성 같은 이점은 분명 있습니다. 그럼에도 이 방식에 따른 어떤 불편으로 가슴 한편이 저려옵니다. 나의 주관적인 생각일 수 있고 내가 보수적인 사람이어서일 수도 있습니다.

교육은 가능성이다

* 2017년, B초에서 3학년 담임할 때 쓴 글입니다.

3월 첫 주에 만난 수향이의 첫인상은 보통의 초3 여자아이에 게선 보기 드문 말썽쟁이 포스가 물씬 풍겼습니다. 입술에 립스틱을 바르고 다니는가 하면, 여학생들 사이에서 빚어지는 많은 소동의 중심에 있었습니다. 그때 속으로 '이 아이 때문에 1년간 많이 힘들겠다.' 싶었습니다.

그런 아이가 3월이 지나면서 시나브로 내게 다가오는 것이 느껴졌습니다. 교사는 이런 상황을 놓치지 말아야 합니다. 아이의 전향적인 자세에 호응하며 평소보다 칭찬을 더 많이 하는 식으로 아이의 행동 변화를 강화시키기 위한 공세를 펼쳤습니다. 마침내 아이는 나의 편이 되어 주었습니다. 악동의 분포도가 높은 난감한 교실 생태계에서 이런 아이 하나가 교사 리더십의 품으로 편입되는 것은 엄청난 축복이 아닐 수 없습니다.

아이는 음악에 약간의 흥미가 있는 듯했습니다. 학예회 두 달 전쯤, 아이에게 피아노 반주를 권했습니다. 처음엔 자신 없다고 손사래를 치며, 우리 반에서 피아노 잘 치는 아무개에게 시키라고 합니다. 아이 말대로 우리 반에는 준비된 걸출한 피아니스트가 있었지만 이 남자아이는 밴드부에서 리더 기타라는 중책을 맡은 상태여서 나는 가급적 역할을 분산시키고 싶었습니다. 학예회 반주는 정말 중요해서 아무에게나 맡길 수 없지만, 나는 반주법을 최대한 쉽게 안내해서 이 아이가 역할을 해 주길 기대했습니다.

결국 해냈습니다. 학예회 당일 피아노 반주는 평소 연습할 때보다 더 좋았습니다. 피아노가 자신 있게 치고 나가니 리코더 부는 아이들도 한마음이 되어 조화로운 합주가 이루어졌고 관객들로부터 많은 박수를 받았습니다.

이 아이의 현재 모습이 변화된 모습인지 원래의 모습인지는 잘 모르겠습니다. 한 가지 분명한 사실은, 내가 아이를 믿었고 아이가 나의 기대와 가르침에 부응해서 평소 자기 실력으로는 도저히 할 수 없다 싶었던 과업을 멋지게 완수했다는 것입니다. 비고츠키식으로 말하면, 교사의 매개로 아이의 근접발달영역의 잠재력을 발현시킨 것입니다.

아이의 변화를 보며 나의 변화를 봅니다. 예전 같으면 이런 상황에서 나는 반에서 피아노를 제일 잘 치는 아이에게 역할을 맡겼을 것입니다. 그렇게 하면 모든 것이 수월하게 돌아갑니다. 그러나 이 경우 교육적으로 남는 것은 별로 없습니다. 공부 잘하는 아이가 피아노도 잘 치고 그림도 잘 그립니다. 우수한 소수의 학생이 모든 역할을 독점적으로 차지하는 교육 시스템은 문제가 있습니다. 학교에서 그렇게 교육을 받아 사회에서도 소수의 엘리트가 대중을 지배하는 구조가 재생산되는 것입니다.

물론 근접발달영역 내에 있는 잠재적인 피아니스트보다 현재 유능한 실력을 갖춘 실제발달영역에 있는 준비된 피아니스트에게 맡기면 결과가 더 좋을 수 있습니다. 그러나 내가 서 있는 곳은 연예기획사가 아니라 교실입니다. 나는 PD가 아니라 교육자입니다. 교육은 준비된 무엇을 주형 속에 짜 넣는 게 아니라, 잠재된 무엇을 이끌어 내는 것입니다(교육education의 어원 '에듀카레educare'는 라틴어로 '이끌어 내다'라는 뜻이죠).

우리 반의 경우에서 보듯, 대개 역할이라는 것은 맡겨지면 그럭저럭 근사한 결실을 맺습니다. 중요한 것은 학생에 대한 믿음입니다. 미성숙한 학생에게 절대적으로 중요한 존재인 교사의 기대는 학생의 많은 것을 변화시킵니다.

교육은 가능성입니다. 가능성은 학생에 대한 교사의 기대와 믿음이 잉태한 것입니다. 교사의 기대와 믿음은 어디서 비롯되는 것일까요? 저는 학생에 대한 애정이라 생각합니다. 결국 교육은 사랑입니다.

어떤 재회

학교가 집에서 그리 멀지 않아서 자전거로 출퇴근을 합니다. 퇴근 후 집으로 들어갈 때였습니다. 아파트 진입로를 지나 우리 동 앞에서 내려 출입구의 비밀번호를 누르는데 누가 뒤에서 나를 부르는 소리가 들렸습니다. "이성우 선생님, 안녕하세요?" 우리 반의 정욱이였습니다. 정욱이는 같은 동의 옆 라인에 삽니다. 어디선가 놀다가 내가 자전거로 지나가는 것을 보고 인사하기 위해 허겁지겁 달려온 것으로 보입니다.

정욱이는 3학년 때인 재작년에도 내가 담임했던 아이입니다. 그때도 우리는 같은 아파트에서 이웃으로 지냈습니다. 그런데 아이가 오늘처럼 인사를 건넨 적은 지금까지 한 번도 없었습니다. 라인이 달라 만날 일이 잘 없기도 했지만, 어쩌다 정면으로 마주칠 때는 어색한 눈인사를 할 뿐, 이렇듯 적극적으로 알은체하는 것은 생각지도 못한 일이었습니다. 그도 그럴 것이, 그때 아이는 교사에게 사랑받는 학생이 아니었습니다. 크게 말썽을 부리는 편은 아니지만 수업 태도가 아주 안 좋아서 거의 매일 지적을 받곤 했습니다.

올해 2월 말에 건네받은 학급 명부 속에서 이 아이의 이름을 봤을 때 만감이 교차했습니다. 2000학년도에 6학년을 맡은 뒤로

22년 만에 초로의 나이에 고학년 담임을 맡기로 마음먹었을 때 나름 비장한 각오를 했습니다. 각오의 목록 가운데 첫째가 '이런 아이들과 어떻게든 잘 지내자!'라는 것이었습니다.

새 학년 새 교실에서 몇 달을 같이 살아보니 아이가 3학년 때에 비해 여러모로 달라져 있음을 느낍니다. 예전과 달리 수업 태도는 좋아졌지만, 자기주장이 세져서 급우들과 마찰을 빚는 일이 잦습니다. 남자아이들 집단에서 일어나는 갈등과 분쟁 속에 자주 이 아이가 있곤 합니다. 요컨대 교사 입장에서 아이는 전보다 훨씬 어려워졌다고 말할 수 있겠습니다. 하지만 나는 그나마 수업 태도가 좋아진 것을 높이 사고서 급우들 앞에서 몇 차례 이런 점을 칭찬해 주었습니다.

자전거로 쌩하고 옆을 지나간 교사에게 달려와 등 뒤에서 인사를 건네는 아이의 전례 없는 행동의 배경에는 이런 '약발'이 작용했을 겁니다. 며칠 전에는 또 쉬는 시간에 살포시 다가와 귓속말로 "선생님, 제가 나중에 돈 벌면 선생님께 밥 사 드릴게요"라고 합니다. 이에 나는 "아이고 정욱아. 말만 들어도 고맙다. 그래, 그럼 선생님은 고기 살게"라고 화답했습니다.

새 학년도의 학반을 결정짓는 2월 마지막 주는 학생에게도 교사에게도 운명의 날입니다. 교사 입장에서 '이런 녀석은 좀 안 맡고 싶다'는 희망 사항이 있듯이 아이들도 마찬가지입니다. 학급 명부에서 아이의 이름을 마주했을 때는 반갑지 않았지만, 지금 이 글을 쓰면서 어떤 각성이 찾아듭니다. '그때 아이 입장에서는 과연 내가 반가웠을까?' 하는 것입니다. 교사가 냉철히 직시해야 할 또 다른 진실이 있습니다. 피차 버겁기는 마찬가지일지라도 학생이 교사를 향해 느끼는 중압감의 무게가 훨씬 크다는 것입니다.

2년이라는 세월이 아이를 저학년에서 고학년으로 바꿔 놓았습니다. 아이 내면에 일어난 이런저런 변화를 성장의 징후로 보려 합니다. 2년이라는 짧지 않은 시간이 경과하면서 교사도 어떤 변화를 꾀해야 합니다. 아이로 인해 이런저런 성가심을 겪겠지만, 아이에게서 일어나고 있는 변화를 긍정적으로 생각하며 넓은 마음으로 아이를 보듬고자 합니다. 그리고 아파트에서 다시 조우할 때 내가 먼저 반갑게 인사를 건네야겠습니다.

불가佛家에선 옷깃만 스쳐도 전생에 맺은 인연이 예사롭지 않다고 하는데, 정욱이는 두 번씩이나 나의 제자가 되고 더구나 같은 아파트 같은 동에서 살고 있으니 이 질긴 인연을 소중히 간수해야겠습니다. 10년, 20년 뒤에도 우리가 이웃으로 지낼지 모르지만, 그때 정욱이는 어떤 모습으로 성장해 있을지 또 나의 삶은 어떤 그림을 그리고 있을지 기대됩니다.

오래 만나고 싶은 아이들

2018년에 B초에서 3학년 담임할 때였습니다. 이 해의 아이들은 정말 착하고 순수했습니다. 그중 한 아이는 한번 정을 맺은 사람을 좀처럼 잊지 못하는 절대 순정파였습니다. 어느 정도냐 하면, 부모님과 동남아 여행할 때 만난 가이드 언니와 헤어질 때 펑펑 울었다는데, 1년 내내 그분 생각을 하곤 했습니다.

고작 일주일 만난 사람과도 그러는데 일 년을 함께 한 담임교사에게는 오죽할까요? 미안하게도 아이를 4학년 올려보내면서 내가 학교를 떠났는데, 한동안 나를 잊지 못해 수시로 밤에 울다가 잠이 들었다고 합니다. 어느 날 슬픔을 주체하지 못해 힘들어하는 아이를 보다 못해 어머니께서 내게 전화를 걸어 주셨는데, 나랑 통화하면서 행복해하는 아이의 마음이 수화기 너머로 생생하게 전해져 왔습니다. 그날 이 착한 아이를 안정시키기 위해 약속을 했습니다. "선생님이 너를 절대 잊지 않으마. 너희가 졸업할 때 꼭 찾아가마."

아이들에겐 건성으로 약속을 하면 절대 안 됩니다. 어른들과는 '다음에 만나자'고 해놓고 실행하지 않아도 피차 서운하게 생각하지 않지만, 아이들은 그날을 손꼽아 기다리기 때문에 약속을 지켜야만 합니다.

2019년, 2020년, 2021년이 가고 마침내 2022년 2월이 되었습니다. 나도 기억하고 있었지만 한 달 전쯤에 아이가 카톡을 보내왔습니다. 오실 수 있냐고? 그래서 "내가 갈 수는 있지만, 현재의 선생님을 생각해서 졸업식에는 안 가는 게 좋겠다. 대신 다음 날 너희를 만나러 가겠다"라고 했습니다. 그래서 오늘 만났습니다.

그해의 B초 아이들은 이 아이 외에도 나와의 만남을 애타게 기대하는 아이들이 몇몇 있었습니다. 그중 한 아이는 재작년 스승의 날 때 내 책을 구입해서 사인을 받고 싶다고 해서 만났던 아이입니다. 그 외 다른 아이들도 모두 너무 착하고 정이 넘치는 귀한 아이들입니다. 해마다 소중한 아이들을 만나지만 이때 아이들만큼 정이 가는 아이들은 없을 것 같습니다.

B초는 사방이 아파트로 둘러싸인 곳인데, 하나같이 20평대 이하의 서민 아파트뿐입니다. 가정형편이 어떤지는 몰라도 마음은 부자인 아이들입니다. 아이들이 정이 얼마나 많은지 선생님을 만난다고 선물을 준비해서 건넵니다. 나도 아이들에게 내 책을 한 권씩 선물했습니다. 표지에 사인을 해서 주니 기뻐하는 아이들을 모습을 보며 흐뭇했습니다. 아이들이 모여 있는 장소에 내가 진입할 때 들려오는 한 아이의 목소리, "야! 가슴 두근거리지 않냐? 마치 연예인 만나는 기분이야!"라고 합니다.

30여 년 전 내 초임 때에 비해 지금은 사회도 학교도 많이 삭막해졌지만, 아이들은 예나 지금이나 여전히 착하고 순수합니다. 퇴직할 때까지 이런 아이들과 평교사로 함께 하는 것은 행복한 일입니다. 곧 육십을 바라보는 원로 교사를 연예인 대하듯이 설레는 마음으로 기다리는 이 아이들, 순수한 동심의 원형을 보는 것만 같습니다.

사진 찍고 폰에 아이들 전화번호를 다 저장한 뒤 헤어지면서 약속을 하나 더 남겼습니다.

애들아, 중학생 고등학생 그리고 대학생이 되어서도 연락 주면 너희들 만나러 올게. 행복하게 잘 지내고 우리 이다음에 또 보자!

나이 들어 평교사로 살아내기

*올 3월에 쓴 글입니다.

2000년 이후 23년 만에 고학년 담임을 합니다. 다시 초임으로 돌아간 기분입니다. 초임 때와 다른 것은 퇴임을 바라보는 내 나이입니다. 무쇠도 삼킬 것만 같았던 청년 때와 달리 초로의 나이에 고학년 아이들과 잘 지낼 수 있을까 하는 의구심이 앞섰지만, 한편으로 바로 그 이유 때문에 어떤 호기심이 일기도 했습니다. 도전정신일 수도 있고 실험정신일 수도 있습니다.

첫날 아이들을 만나 본 바로는 해 볼만 합니다. 다행히 반 학생 중 3분의 1은 재작년에 내가 담임했던 아이들이기 때문에 아이들과의 관계가 그리 낯설지는 않습니다. 그 아이들 가운데 나랑 잘 지냈던 한 아이는 살짝 다가와서 "선생님이 저희 반을 맡으셨다는 소식을 듣고 너무 좋아서 집에서 폴짝폴짝 뛰었어요!"라고 합니다. 단순한 립서비스라기엔 그 구체적인 표현에서 각별한 진정성이 느껴졌습니다.

아주 오랜만에 고학년 아이들을 담임하는 것도 그렇지만, 2년 전의 아이들이 3학년 때와 달리 5학년 때는 어떤 모습일지, 또 그때 나와 대체로 잘 지냈던 아이들이 고학년이 되어서도 잘 지낼 수 있을 것인가 하는 점도 매우 궁금합니다. 그때 내 수업이 재미있다고 말했던 아이가 5학년 수업에서는 또 어떤 반응을 할지 생각하니 흥미롭습니다. 아이들에게 실망을 주지 않기 위해 초임 교사 때처럼 수업 준비를 열심히 해야겠다는 각오도 합니다.

교사 나이가 오십에 가까워지면 승진하지 않고 평교사로 남는 것에 대한 두려움이 엄습하기 시작합니다. 오십을 지나 육십에 가까워지면 그 두려움은 더욱 증폭되리라 생각했습니다. 그런데, 지금 봐서는 그게 꼭 그렇지만은 않은 것 같습니다. 아니, 역설적으로 나이가 들 만큼 들었기 때문에 오히려 젊을 때보다 아이들과 더 잘 지낼 수 있을 것만 같습니다. 그 시절엔 지금만큼 아이들이 사랑스럽지 않았습니다. 이 낙관적인 전망이 한낱 희망 사항에 지나지 않을지 어떨지, 일 년 후에 어떤 소회를 담은 글을 쓰게 될지 궁금합니다. 분명한 사실은, 2022학년도는 내 교직 삶에서 가장 의미 있는 한 해가 될 것이라는 점입니다. 지나친 긴장도 자만도 말고 매 순간 최선을 다해 아이들을 만나고자 합니다.

지금도 많이 부족하지만, 그나마 현재까지 학생, 학부모, 그리고 동료들과 잘 지내며 교직살이를 할 수 있었던 힘이 뭘까 생각해 봅니다. 저는 학창 시절엔 공부와 담쌓고 살았지만, 현장에 발령받은 뒤로 지금까지 공부를 열심히 하고 있습니다. 시험 준비를 위한 공부가 아니라 지성을 단련하기 위한 공부를 하니 삶의 힘이 길러집니다. 공부를 통해 사물을 정확히 바라보는 관점과 식견이 생겨나니 학생과 학교, 교육과 세상을 점점 더 잘 이해하게 되고 시나브로 교직살이와 세상살이를 씩씩하게 살아내는 지혜와 용기가 생겨났습니다.

교사인 사람에게 공부가 중요한 까닭은 무엇보다 교육이 학생을 가르치는 일을 본업으로 하기 때문입니다. 공부하는 교사는 수업 역량이 점점 발전합니다. 교사의 지성이 깊어지면 예전보다 지식을 학생들에게 더 쉽고 재미있게 가르칠 수 있습니다. 제가 나이 들면서 예전보다 학생들에게 더 인정받을 수 있는 힘이 이런 것이라 생각합니다. 아이들은 제 수업이 재미있고 또 어려운 것을 쉽게 이해할 수 있어서 좋다고 합니다.

공부는 두 종류가 있습니다. 머리로 하는 공부와 몸으로 하는 공부입니다. 몸 공부를 멀리하고 머리 공부에만 충실하면, 책을 아무리 많이 읽어도 세상을 읽어 내지 못합니다. 학교는 세상 속에 있기 때문에 세상을 이해하지 못하면 학생과 교육을 이해할 수 없습니다. 그래서 교사의 공부는 머리 공부와 몸 공부가 병행되어야 합니다. 수업에서 학생들에게 절름발이 지식을 전하지 않기 위해서라도 교사는 이 둘을 함께 섭렵해야 합니다.

저는 전교조라는 교원단체에 들어 한때 교육운동에 매진하면서 세상 읽기 공부를 제대로 했습니다. 오해를 피하기 위해 사족을 덧붙이면, 저는 교육운동에 신명을 바칠 때도 전교조를 비판적으로 지지했을 뿐 맹목적으로 헌신하지는 않았습니다. 나는 전교조든 민주노총이든 진보와 보수를 선악 이분법으로 가치매김하는 사람을 신뢰하지 않습니다. 아무튼, 전교조 활동을 통해 노동계급의 삶을 이해하게 된 것이 제겐 소중한 공부였습니다. 우리 아이들의 절대다수는 미래에 노동자로 살아갈 것이고 또 그중 대다수는 비정규직의 삶을 살아갈 것입니다. 그러니 교사가 노동자의 삶에 관심과 애정을 품는 것은 곧 우리 아이들을 사랑하는 셈이라 하겠습니다.

교원단체 활동을 하면서 부수적으로 얻은 소득으로 사람들과 효율적으로 교섭하는 힘이 생겨난 점도 간과할 수 없을 것 같습니다. '교섭'이란 용어는 "주체적으로 사람들과 소통하는 행위"라는 뜻으로 쓴 겁니다. 교직살이든 인생살이든 사람은 자기 삶의 주인이 되어야 합니다. 그러지 못할 때 우리는 스트레스와 자괴감에 빠지게 됩니다. 특히 오늘날의 교직살이는 학생과 학부모, 동료 교사와 관리자와의 부단한 전투로 계속되는 것이 현실입니다. 이 전투에서 품위 있게 살아남는 것이 우리 교직살이의 관건이 아닌가 생각합니다. 저는 치열한 교원단체 활동을 통해 이 힘을 얻었습니다. 하지만 이 힘을 나 자신의 안위를 위해 쓰기보다는 대의를 위해 쓰고자 했습니다. 이런 이유로 저는 '벌떡 교사' 역할을 수행할 때 선량한 교사 대중으로부터 지지를 받고 관리자로부터 원성을 덜 들을 수 있었다고 자평해 봅니다.

교직살이를 잘 수행하기 위해 교사에게 요구되는 가장 중요한 자질은 인간미와 진정성일 겁니다. 공부를 아무리 잘한들, 교섭 역량이 아무리 뛰어난들, 따뜻한 인간미와 진정성이 결여된 사람은 집단 내에서 인정을 받지 못합니다. 제게 따뜻한 인간미가 있는지 모르겠습니다. 하지만 매사에 치열하게 열심히 살아왔습니다. 제가 학교에서 동료 교사와 학부모님으로부터 인정을 받는한 가지가 있다면, '저 선생은 그나마 성실한 면은 있다'는 평가입니다. 사람은 나이가 들수록 집단을 위해 몸을 더 많이 움직여야합니다. 그래야 욕을 덜 먹습니다.

지금 근무하는 학교에서 제가 나이가 제일 많습니다. 하지만학생과 학부모 그리고 동료들에게 어느 정도 인정받고 있다고 생각합니다. 원로 교사로서 교직살이를 하면서 깨달은 중요한 사실이 있습니다. 학부모님들과 아이들은 나이 많은 교사를 싫어하는게 아니라 불성실하고 무능한 교사, 아이들에게 친절하지 않은교사를 싫어한다는 것입니다. 나이 먹는 것이 문제가 아니라 나이만 먹는 것이 문제입니다. 끊임없는 자기연찬으로 나이를 먹을수록 더욱 지성이 빛나는 교사, 나이 먹었다고 뒤로 물러나 있지않고 솔선수범하며 학교 일에 헌신하는 교사는 모두에게 인정받으며 멋있게 교직살이를 수행해 가리라 믿습니다.

보람을 빼면 교직에서 남는 건
아무것도 없습니다

제 교직 삶에서 가장 힘들었던 한 학년도를 마무리했습니다. 올해의 각별한 수고는 나 스스로 끌어안은 것이었습니다. 최근 20년 넘도록 고학년 담임을 하지 않다가 하필 교사의 권위가 교실 바닥에 내동댕이쳐진 시기에 5학년을 자원했으니 말입니다. 하지만 힘들었던 만큼 그 어느 해보다 교사로서 제가 많이 성장할 수 있었습니다. 아이들과 치열하게 부대끼면서 글감이 많이 생겨났고 그 덕분에 이 책을 쓸 수 있었습니다.

말은 이렇게 하지만 하루하루가 고된 스트레스의 연속이었습니다. 사실 저는 온화한 성품의 소유자와는 거리가 먼 사람입니다. 애든 어른이든 경우에 어긋나는 행동을 못 봐 넘깁니다. 그리고 욱하는 성질도 있습니다. 그래서 3월에 시작할 때, 아무리 속상해도, 특정 아이가 아무리 미워도 절대 폭력적이거나 위압적인 모습을 노출하지 말자고 다짐했습니다.

종업일 맨 마지막 시간에 1년 동안의 교실살이를 돌아본 뒤

한 사람씩 소회를 말하는 시간을 마련했습니다. 처음엔 아이들이 '소회'가 무슨 뜻이냐 물으며 난색을 하더니, 몇 차례 순서가 돈 뒤에는 자기 이야기를 술술 풀어내기 시작합니다. 남자아이들은 "처음엔 이성우 선생님이 무서운 줄 알았는데 지내 보니 그게 아니더라"라는 말이, 여자아이들은 "공부를 쉽고 재미있게 가르쳐 주셔서 좋았다"라는 말이 많았습니다. 헤어지는 마당에 교사를 향해 던지는 립서비스임을 감안하더라도 담화의 진정성이 없지는 않았습니다. 가장 인상적이었던 것은 내 속을 꽤나 썩인 학생 중 한 아이의 입에서 나온 "이때까지 제일 즐거웠던 한 해였다"라는 평론이었습니다. 이 아이의 발언 뒤에 다른 많은 아이들도 비슷한 소회를 피력했습니다.

지금까지 내가 공부를 잘 가르치는 교사라는 자부심에는 익숙해 있었지만, '꼰대 콤플렉스'를 품고 있었습니다. 그래서 올해 아이들에게서 들은 '즐거웠다'는 한마디가 신선한 충격이었습니다. 물론 아이들은 이 말을 제가 아닌 또래 집단을 향해서 했을 수도 있지만, 교실이 즐겁고 안 즐겁고는 전적으로 교사에게 달린 것이 사실입니다. 이 놀라운 결과가 평화로운 교실살이를 꾸려 가기 위한 나의 치열한 자기조절의 소산이라 생각하니 뿌듯합니다.

나는 더 이상 교육자이기 싫습니다. 나는 월급 받는 교사입니다!

초등교사 커뮤니티에 교육 자료 구하러 갔다가 위와 같은 제목의 글을 만났습니다. 본문에서 글쓴이는 "스승이 되고 싶지도 않고 제자를 만들 마음도 없다"라거나, "돈 받은 만큼만 일하겠다"는 뜻을 거침없이 피력합니다. 언제부터인지 이 커뮤니티에 이런 유의 신변잡기 글이 많이 올라오는데, 그 밑에 호응하는 댓글이 줄을 잇는 것이 더 충격입니다. 그로부터 며칠 뒤에는, 동료들과 담소를 나누던 중 '교직의 보람'에 관한 이야기가 나오자, 어떤 젊은 선생님이 교직에 보람 같은 게 어디 있냐는 반응을 보이시는 데 또 충격을 받았습니다. 학생 교육에 남달리 헌신적인 분이 스스럼없이 이런 식의 발언을 하는 게 너무 뜻밖이었습니다.

교직에 관한 젊은 선생님들의 솔직한 의견 표출에 우리 꼰대들이 감히 비난할 자격이 있지 아니합니다. 후배 선생님들이 교직에 대해 이렇듯 자조적인 방어 태세를 취하는 것은 우리 젊었을 때와 달리 교권이 추락하고 교실이 붕괴된 교육 현실 탓일 것입니다. 우리 선배들이 분투하여 이런 참담한 현실을 물려주지 말았어야 했는데… 정말 죄송합니다. 그렇지만 저는 묻고 싶습니다. 교직에서 보람을 빼면 뭐가 남을까요? 열정을 품고 아이들을 만나지 않으면 무슨 재미로 가르칠 수 있을까요?

언제 준비했는지 아이들이 저마다 깨알 같은 글귀를 적은 롤링 페이퍼를 건넵니다. 건성으로 적은 아이도 있지만 어떤 글은 마음의 깊이가 느껴져 짠해집니다. 몇몇 아이들은 편지와 함께 소박한 정성을 담은 선물도 건네는데, '이거 드시고 파이팅하세요'라는 글귀가 적힌 박카스를 마시니 힘이 납니다. 아이들의 따뜻한 성원에 한 해의 수고에 따른 피로가 싹 가십니다. 골이 깊으면 산도 높은 법. 가장 힘들었지만 가장 기억에 남을 한 해였습니다.

그럭저럭 4년 남았습니다. 지금 봐서는 정년까지 채울 수 있을 것 같고 또 기꺼이 그러고 싶습니다. 제가 여기까지 씩씩하게 올 수 있었던 동력은 교직에 대한 보람과 열정이 전부입니다. 박봉의 교직 삶에서 보람을 빼면 앙꼬 없는 찐빵, 오아시스 없는 사막과 같습니다. 이런 까닭에, 애써 보람과 열정을 내려놓으려는 자세는 현명한 처신이 아니라 스스로 나락에 빠져드는 어리석음 그 자체라 하겠습니다. 보람과 열정 없이는 오늘날 이 험한 교직의 사막을 횡단하기가 불가능하기 때문입니다.

어떤 이들에겐 이 책이 시종 창백한 이상론이나 비현실적인 꼰대이즘을 설파하는 것으로 비칠지도 모릅니다. 프롤로그에서 언급한 '쇠파리'의 역할을 자임한 데 따른 불가피한 역기능으로 널리 이해해 주시기 바랍니다. 교권이 교실 바닥에 내려앉은 참담한 교육 현실 속에서도 가르치는 일을 진지하게 고민하시는 선생님들, 아이들과 치열하게 부대끼는 가운데 행복한 교실살이를 꿈꾸는 선생님들께 약간의 힘이 되길 바라는 마음에서 초라한 이 책을 세상에 내놓습니다.

삶의 행복을 꿈꾸는 교육은 어디에서 오는가?

교육혁명을 앞당기는 배움책 이야기 혁신교육의 철학과 잉걸진 미래를 만나다!

한국교육연구네트워크 총서

 01 핀란드 교육혁명
한국교육연구네트워크 엮음 | 320쪽 | 값 15,000원

 02 일제고사를 넘어서
한국교육연구네트워크 엮음 | 284쪽 | 값 13,000원

 03 새로운 사회를 여는 교육혁명
한국교육연구네트워크 엮음 | 380쪽 | 값 17,000원

 04 교장제도 혁명
한국교육연구네트워크 엮음 | 268쪽 | 값 14,000원

 05 새로운 사회를 여는 교육자치 혁명
한국교육연구네트워크 엮음 | 312쪽 | 값 15,000원

 06 혁신학교에 대한 교육학적 성찰
한국교육연구네트워크 엮음 | 308쪽 | 값 15,000원

 07 진보주의 교육의 세계적 동향
한국교육연구네트워크 엮음 | 324쪽 | 값 17,000원
2018 세종도서 학술부문

 08 더 나은 세상을 위한 학교혁명
한국교육연구네트워크 엮음 | 404쪽 | 값 21,000원
2018 세종도서 교양부문

 09 비판적 실천을 위한 교육학
이윤미 외 지음 | 448쪽 | 값 23,000원
2019 세종도서 학술부문

 10 마을교육공동체운동:
세계적 동향과 전망
심성보 외 지음 | 376쪽 | 값 18,000원

 11 학교 민주시민교육의
세계적 동향과 과제
심성보 외 지음 | 308쪽 | 값 16,000원

 12 학교를 민주주의의 정원으로
가꿀 수 있을까?
성열관 외 지음 | 272쪽 | 값 16,000원

 13 교육사상가의 삶과 사상
심성보 외 지음 | 420쪽 | 값 23,000원

한국교육연구네트워크 번역 총서

 01 프레이리와 교육
존 엘리아스 지음 | 한국교육연구네트워크 옮김
276쪽 | 값 14,000원

 02 교육은 사회를 바꿀 수 있을까?
마이클 애플 지음 | 강희룡·김선우·박원순·이형빈 옮김
356쪽 | 값 16,000원

 03 비판적 페다고지는
세상을 변화시킬 수 있는가?
Seewha Cho 지음 | 심성보 외 옮김 | 280쪽 | 값 14,000원

 04 마이클 애플의 민주학교
마이클 애플·제임스 빈 엮음 | 강희룡 옮김
276쪽 | 값 14,000원

 05 21세기 교육과 민주주의
넬 나딩스 지음 | 심성보 옮김 | 392쪽 | 값 18,000원

 06 세계교육개혁:
민영화 우선인가 공적 투자 강화인가?
린다 달링-해먼드 외 지음 | 심성보 외 옮김 | 408쪽 | 값 21,000원

 07 콩도르세, 공교육에 관한 다섯 논문
니콜라 드 콩도르세 지음 | 이주환 옮김
300쪽 | 값 16,000원

 08 학교를 변론하다
얀 마스켈라인·마틴 시몬스 지음 | 윤선인 옮김
252쪽 | 값 15,000원

 09 존 듀이와 교육
짐 개리슨 외 지음 | 김세희 외 옮김
372쪽 | 값 19,000원

 10 진보주의 교육운동사
윌리엄 헤이스 지음 | 심성보 외 옮김
324쪽 | 값 18,000원

 11 사랑의 교육학
안토니아 다더 지음 | 유성상 외 옮김
412쪽 | 값 22,000원

비고츠키 선집 발달과 협력의 교육학 어떻게 읽을 것인가?

 생각과 말
레프 세묘노비치 비고츠키 지음
배희철·김용호·D. 켈로그 옮김 | 690쪽 | 값 33,000원

 성장과 분화
L.S. 비고츠키 지음 | 비고츠키 연구회 옮김
308쪽 | 값 15,000원

 도구와 기호
비고츠키·루리야 지음 | 비고츠키 연구회 옮김
336쪽 | 값 16,000원

 연령과 위기
L.S. 비고츠키 지음 | 비고츠키 연구회 옮김
336쪽 | 값 17,000원

 어린이 자기행동숙달의 역사와 발달 I
L.S. 비고츠키 지음 | 비고츠키 연구회 옮김
564쪽 | 값 28,000원

 의식과 숙달
L.S 비고츠키 | 비고츠키 연구회 옮김
348쪽 | 값 17,000원

 어린이 자기행동숙달의 역사와 발달 II
L.S. 비고츠키 지음 | 비고츠키 연구회 옮김
552쪽 | 값 28,000원

 분열과 사랑
L.S. 비고츠키 지음 | 비고츠키 연구회 옮김
260쪽 | 값 16,000원

 어린이의 상상과 창조
L.S. 비고츠키 지음 | 비고츠키 연구회 옮김
280쪽 | 값 15,000원

 성애와 갈등
L.S. 비고츠키 지음 | 비고츠키 연구회 옮김
268쪽 | 값 17,000원

 비고츠키와 인지 발달의 비밀
A.R. 루리야 지음 | 배희철 옮김 | 280쪽 | 값 15,000원

 흥미와 개념
L.S. 비고츠키 지음 | 비고츠키 연구회 옮김
408쪽 | 값 21,000원

 정서학설 I
L.S. 비고츠키 지음 | 비고츠키 연구회 옮김
584쪽 | 값 35,000원

 정서학설 II
L.S. 비고츠키 지음 | 비고츠키 연구회 옮김
480쪽 | 값 35,000원

 인격과 세계관
L.S. 비고츠키 지음 | 비고츠키 연구회 옮김
372쪽 | 값 22,000원

 수업과 수업 사이
비고츠키 연구회 지음 | 196쪽 | 값 12,000원

 비고츠키의 발달교육이란 무엇인가?
비고츠키교육학실천연구모임 지음 | 412쪽 | 값 21,000원

 관계의 교육학, 비고츠키
진보교육연구소 비고츠키교육학실천연구모임 지음
300쪽 | 값 15,000원

 비고츠키 철학으로 본 핀란드 교육과정
배희철 지음 | 456쪽 | 값 23,000원

 비고츠키 생각과 말 쉽게 읽기
진보교육연구소 비고츠키교육학실천연구모임 지음
316쪽 | 값 15,000원

 비고츠키와 마르크스
앤디 블런던 외 지음 | 이성우 옮김 | 388쪽 | 값 19,000원

 교사와 부모를 위한 비고츠키 교육학
카르포프 지음 | 실천교사번역팀 옮김
308쪽 | 값 15,000원

 혁신학교
성열관·이순철 지음 | 224쪽 | 값 12,000원

 행복한 혁신학교 만들기
초등교육과정연구모임 지음 | 264쪽 | 값 13,000원

 서울형 혁신학교 이야기
이부영 지음 | 320쪽 | 값 15,000원

  혁신교육, 철학을 만나다
브렌트 데이비스·데니스 수마라 지음
현인철·서용선 옮김 | 304쪽 | 값 15,000원

대한민국 교사, 어떻게 가르칠 것인가?
윤성관 지음 | 320쪽 | 값 15,000원

아이들을 어떻게 가르칠 것인가
사토 마나부 지음 | 박찬영 옮김 | 232쪽 | 값 13,000원

모두를 위한 국제이해교육
한국국제이해교육학회 지음 | 364쪽 | 값 16,000원

 경쟁을 넘어 발달 교육으로
현광일 지음 | 288쪽 | 값 14,000원

혁신교육 존 듀이에게 묻다
서용선 지음 | 292쪽 | 값 16,000원

 다시 읽는 조선 교육사
이만규 지음 | 750쪽 | 값 33,000원

 대한민국 교육혁명
교육혁명공동행동 연구위원회 지음
224쪽 | 값 12,000원

 핀란드 교육의 기적
한넬레 니에미 외 엮음 | 장수명 외 옮김
456쪽 | 값 23,000원

 한국 교육의 현실과 전망
심성보 지음 | 724쪽 | 값 35,000원

 독일의 학교교육
정기섭 지음 | 536쪽 | 값 29,000원

● **경쟁과 차별을 넘어 평등과 협력으로 미래를 열어가는 교육 대전환!** 혁신교육 현장 필독서

 교실 속으로 간 이해중심 교육과정
온정덕 외 지음 | 224쪽 | 값 13,000원

 포스트 코로나 시대의 교육
성열관 외 지음 | 224쪽 | 값 15,000원

 내일 수업 어떻게 하지?
아이함께 지음 | 300쪽 | 값 15,000원

 학교의 미래,
전문적 학습공동체로 열다
새로운학교네트워크·오윤주 외 지음 | 276쪽 | 값 16,000원

 마을교육공동체
생태적 의미와 실천
김용련 지음 | 256쪽 | 값 15,000원

 학교폭력, 멈춰!
문재현 외 지음 | 348쪽 | 값 15,000원

 학교를 살리는 회복적 생활교육
김민자·이순영·정선영 지음 | 256쪽 | 값 15,000원

 삶의 시간을 잇는 문화예술교육
고영직 지음 | 292쪽 | 값 16,000원

 미래교육을 디자인하는
학교교육과정
박승열 외 지음 | 348쪽 | 값 18,000원

 아이들을 어떻게 가르칠 것인가
사토 마나부 지음 | 박찬영 옮김 | 232쪽 | 값 13,000원

 코로나 시대,
마을교육공동체운동과 생태적 교육학
심성보 지음 | 280쪽 | 값 17,000원

 혐오, 교실에 들어오다
이혜정 외 지음 | 232쪽 | 값 15,000원

 수업, 슬로리딩과 함께
박경숙 외 지음 | 268쪽 | 값 15,000원

 교실 속으로 간 이해중심 통합교육과정
온정덕 외 지음 | 224쪽 | 값 15,000원

 초등 백워드 교육과정
설계와 실천 이야기
김병일 외 지음 | 352쪽 | 값 19,000원

 학습격차 해소를 위한 새로운 도전
보편적 학습설계 수업
조윤정 외 지음 | 240쪽 | 값 15,000원

 마을교육공동체란 무엇인가?
서용선 외 지음 | 360쪽 | 값 17,000원

 강화도의 기억을 걷다
최보길 지음 | 276쪽 | 값 14,000원

 체육 교사, 수업을 말하다
전용진 지음 | 304쪽 | 값 15,000원

 평화의 교육과정 섬김의 리더십
이준원·이형빈 지음 | 292쪽 | 값 16,000원

 마을교육과정을 그리다
백윤애 외 지음 | 336쪽 | 값 16,000원

 혁신교육지구와 마을교육공동체는
어떻게 만들어지는가?
김태정 지음 | 376쪽 | 값 18,000원

 서울대 10개 만들기
김종영 지음 | 348쪽 | 값 18,000원

 선생님, 통일이 뭐예요?
정경호 지음 | 252쪽 | 값 13,000원

 함께 배움
학생 주도 배움 중심 수업 이렇게 한다
니시카와 준 지음 | 백경석 옮김 | 280쪽 | 값 15,000원

 다정한 교실에서 20,000시간
강정희 지음 | 296쪽 | 값 16,000원

물질과의 새로운 만남
베로니카 파치니-케처바우 외 지음 | 240쪽 | 값 15,000원

그림책으로 만나는 인권교육
강진미 외 지음 | 272쪽 | 값 18,000원

수업 고수들
수업·교육과정·평가를 말하다
박현숙 외 지음 | 368쪽 | 값 17,000원

아이들의 배움은 어떻게 깊어지는가
이시이 준지 지음 | 방지현·이창희 옮김
200쪽 | 값 11,000원

미래, 공생교육
김환희 지음 | 244쪽 | 값 15,000원

들뢰즈와 가타리를 통해 유아교육 읽기
리세롯 마리엣 올슨 지음 | 이연선 외 옮김
328쪽 | 값 17,000원

혁신고등학교, 무엇이 다른가?
김현자 외 지음 | 344쪽 | 값 18,000원

시민이 만드는 교육 대전환
심성보·김태정 지음 | 248쪽 | 값 15,000원

평화교육
과거, 현재 그리고 미래를 그리다
모니샤 바자즈 외 지음 | 권순정 외 옮김
268쪽 | 값 18,000원

대전환 시대 변혁의 교육학
진보교육연구소 교육과정연구모임 지음
400쪽 | 값 23,000원

교육의 미래와 학교혁신
마크 터커 지음 | 전국교원양성대학교 총장협의회 옮김
332쪽 | 값 19,000원

남도 임진의병의 기억을 걷다
김남철 지음 | 288쪽 | 값 18,000원

프레이리에게 변혁의 길을 묻다
심성보 지음 | 672쪽 | 값 33,000원

다시, 혁신학교!
성기신 외 지음 | 300쪽 | 값 18,000원

왜 체 게바라인가
송필경 지음 | 320쪽 | 값 19,000원

풀무의 삶과 배움
김현자 지음 | 352쪽 | 값 20,000원

비고츠키 아동학과 글쓰기 교육
한희정 지음 | 300쪽 | 값 18,000원

즐거운 세계사 수업
김은석 지음 | 328쪽 | 값 13,000원

학교를 개선하는 교장
지속가능한 학교 혁신을 위한 실천 전략
마이클 풀란 지음 | 서동연·정효준 옮김 | 216쪽 | 값 13,000원

선생님, 민주시민교육이 뭐예요?
염경미 지음 | 244쪽 | 값 15,000원

교육혁신의 시대
배움의 공간을 상상하다
함영기 외 지음 | 264쪽 | 값 17,000원

도덕 수업, 책으로 묻고 윤리로 답하다
울산도덕교사모임 지음 | 320쪽 | 값 15,000원

교육과 민주주의
필라르 오카디즈 외 지음 | 유성상 옮김
420쪽 | 값 25,000원

교육회복과 적극적 시민교육
강순원 지음 | 228쪽 | 값 15,000원

비판적 미디어 리터러시 가이드
더글러스 켈너·제프 셰어 지음 | 여은호·원숙경 옮김
252쪽 | 값 18,000원

지속가능한
마을, 교육, 공동체를 위하여
강영택 지음 | 328쪽 | 값 18,000원

백워드로 설계하고 피드백으로 완성하는
성장중심평가
이형빈·김성수 지음 | 356쪽 | 값 19,000원

우리 교육, 거장에게 묻다
표혜빈 외 지음 | 272쪽 | 값 17,000원

교사에게 강요된 침묵
설진성 지음 | 296쪽 | 값 18,000원

마을, 그 깊은 이야기 샘
문재현 외 지음 | 404쪽 | 값 23,000원

비난받는 교사
다이애나 폴레비치 지음 | 유성상 외 옮김
404쪽 | 값 23,000원

한국교육운동의 역사와 전망
하성환 지음 | 308쪽 | 값 18,000원

레프 비고츠키
르네 반 데 비어 지음 | 배희철 옮김 | 296쪽 | 값 21,000원

철학이 있는 교실살이
이성우 지음 | 272쪽 | 값 17,000원

참된 삶과 교육에 관한
생각 줍기